JAMES ENSOR

*Il a été tiré de cet ouvrage 120 exemplaires de chapelle
numérotés CH 1 à CH 120*

James Ensor.

James Ensor.

JAMES ENSOR

PAR

FLORENT FELS

AVEC

70 PLANCHES
DONT 7 EN COULEURS

ÉDITIONS PIERRE CAILLER
GENÈVE
1947

Tous droits de reproduction, de traduction et d'adaptation
strictement réservés pour tous pays, y compris l'U. R. S. S.
Copyright 1947 by Pierre Cailler, Genève

IMPRIMÉ EN SUISSE

JAMES ENSOR

Mon ami JAMES ENSOR vit au bout de cette route de Flandre qui, de Bruxelles par Gand la Seigneuriale et Bruges la Dormeuse, conduit à Ostende.

« Tous les chemins vont vers la ville. »

Nous allons revoir la peinture de celui dont l'œuvre éclata au matin de sa vie comme tulipe au printemps, révélant que l'art flamand n'était pas mort.

Les éternels cortèges des peupliers à l'air immensément vieux, les arbres noirs de Breughel, glissaient le long de notre voiture. Les lointains du paysage étaient baignés d'une buée bleue comme dans une toile de maître médiéval.

En traversant Bruges, le tablier d'un pont de fer jeté sur le canal se leva devant nous. Il était de couleur vermillon, et peint d'un frais minium, ton qui éclatait en fanfare sur les draperies de verdure et l'azur de l'horizon.

Des péniches passaient, parées de pots de géraniums, ornées de devises et de banderoles aux teintes vives, comme pour la fête perpétuelle de l'eau.

Et, voici que soudain, tandis que nous poursuivions notre route, se dessinant en camaïeu sur le fond de l'horizon, apparurent les sujets de JAMES ENSOR.

Une vaste odeur de saumure nous eût avertis de l'approche de sa ville et de sa mer.

Des femmes, la tête couverte de voiles sombres semblables à des mantilles, couraient et semblaient fuir le long des maisons de brique aux toits crénelés. Elles trottaient en sabots, vers les darses, les parcs à huîtres, les saloirs, les marchés, les quais et les étals où viennent se vider les richesses de la mer.

La cathédrale d'Ostende se déroula sur le ciel.

Par la couleur, par le rude jet de ses tours, elle faisait songer à celles de Burgos et de Canterbury. Devant cette vision et les foules noires qui prient dans ses ombres, on a la sensation que le pays se situe entre l'Espagne et la Grande-Bretagne : religion et vigueur mêlées.

C'est la Flandre féodale et opulente, aux robustes traditions de travail et d'ordre.

...« Ce sont des tours sur des faubourgs. »...

C'est d'ici que surgit le mot espagnol de *flamenco*, qui exprime tout ce qui est à la fois noble et populaire, tout ce qui est issu de la foi qui crée et des contraintes qui font aspirer à la liberté.

L'eau étend partout son empire, baigne les bassins jalonnés de bittes de fer usées par les cordages, les bateaux-phares, les bateaux-pilotes, les bateaux de pêche portant à bout de bras des filets tendus comme des lyres, bateaux maquillés de teintes vives pour être aperçus dans les brouillards du Nord. Et, à perte de vue, s'étend rose et gris, l'infini de l'horizon marin.

Enfin, voici la Rampe de Flandre.

C'est là que le peintre a passé toute sa vie, d'abord 44, rue Longue, où il peignit les chefs-d'œuvre de son âge d'homme dans une mansarde, puis au numéro 27 de la rue de Flandre où il habite depuis trente années une maison noire parmi les blanches.

Autrefois s'ouvrait sur la rue le magasin aux coquillages.

Ils ne vivent plus que dans ses toiles et dans notre souvenir, car la boutique est morte.

Cependant, quelques filets démaillés, hantés par la poussière du temps passé, pendent encore au plafond.

A la porte, la sonnette ne parvient pas à éveiller les fantômes qui sont maintenant au service du vieux sorcier. La maison semble vide. Et pourtant c'est ici, et ici seulement que gisent dans le silence les trésors de couleur qui constituent le sommet de la peinture flamande de notre époque.

Silence de la rue et du port. Que l'on doit s'ennuyer à Ostende sans un grand amour comme celui qui chanta tout au long de la vie d'Ensor.

Je sonne de nouveau.

Auguste, le fidèle valet de chambre du maître, ouvre brusquement. Il devait guetter derrière la porte.

— Que voulez-vous ?
— Voir Ensor.
— Impossible. Il fait ses besoins.

Je suis effondré, car j'ai amené des amis de fort loin, et j'ai prétendu être des familiers du maître. Combien j'en ai guidé jusqu'à ce seuil de la boutique magique, des « messieurs de Paris » : Edmond Jaloux, Kisling, André Malraux, Vlaminck, qui en revenaient les yeux chargés d'enchantements et de malices. Autrefois, Ensor m'a désigné, lors de la rétrospective de ses œuvres en 1929, au Palais des Beaux-Arts de Bruxelles, pour présenter au cours d'une conférence ses toiles au public. Je crois donc pouvoir insister.

— Revenez dans une heure. Il aura fini.

Je songe aux Proverbes de Breughel sur lesquels on voit des paysans pisser contre le vent, et des paysannes accroupies.

Auguste ne fleurira jamais. Il attend patiemment et sans hâte la fin d'Ensor pour réaliser son rêve : être le gardien du musée où seront réunies les œuvres de son maître.

Une heure plus tard, rose de plaisir, le peintre nous accueille avec un sourire grisé : cela représente soixante ans de célébrité.

Ce sourire gentil qui ne brille plus dans les yeux des artistes de notre temps, toujours inquiets, je l'ai reconnu pour l'avoir vu, arboré par Renoir et Claude Monet. Dans le cortège des peintres d'autrefois, il n'y a que Cézanne qui « faisait perpétuellement la gueule » comme les modèles de ses portraits. Peut-être prévoyait-il ce qui allait advenir de sa peinture, soumise à la spéculation, et des conséquences du redoutable portrait de la Mère Cézanne qui justifièrent jusqu'aux théories contemporaines de la peinture abstraite.

Les tableaux d'Ensor sont tout sourire, même lorsqu'il évoque le diable et ses démons. Il sourira encore lorsque j'oserai, présumant de l'avenir, lui dire :

— Ensor, il faut léguer au musée de Bruxelles *l'Entrée du Christ*.

Auguste tient à son idée :

— *L'Entrée du Christ* doit rester en Flandres, à Ostende.

— Combien, dit Ensor, croyez-vous que puisse valoir ma toile ? Ce n'est pas que je tienne à la vendre, mais j'aimerais savoir ce qu'elle peut représenter en argent d'aujourd'hui.

— Ensor, il est temps encore : il faut léguer votre *Entrée du Christ à Bruxelles* au musée de cette ville.

Il s'en moque bien! Il est tout à la joie de retrouver un ami qui vient de France et dont il connaît l'enthousiasme sans mesure.

Cette vaste fresque, c'est l'œuvre-clef, ouvrant toutes les portes qui permettent d'accéder à la magie d'Ensor, et la preuve par neuf de son génie. Lorsque nous serons tous disparus, elle restera comme le témoignage éclatant d'une vigueur créatrice qui est exceptionnelle.

Aux murs, des masques de carnaval, des chapeaux ornés de fleurs fanées. Sur fond noir, la lueur des coquillages roses, rangés méthodiquement dans des armoires, des coraux, des conques tachées comme des onces, les joyaux de la mer, « mer de luxe frais et de moires fleuries, mer de beauté sonore et de vives merveilles », comme l'écrivait « l'ami Emile » sur une photo toute jaunie.

Emile Verhaeren, s'entend, et qui s'y connaissait en beauté.

La terrible mer du Nord dont nous retrouvons les infinies nuances dans la peinture d'Ensor, ces verts livides de morgue, ces pourpres de crustacés, ces opales, ces roses de muqueuses semées d'artères et de veines, comme autant de portulans ouverts sur de tendres invitations au voyage. Durant toute sa vie, le peintre n'a songé qu'à l'Amour et ses attributs.

Les forces telluriques de James Ensor sont la Mer et l'Amour. Elles bourdonnent encore dans son poème musical, comme le sang dans la tête aux hautes altitudes; elles inondent ses œuvres et chantent. Il y trouve son climat et sa raison d'être un vieillard fou de nuances. Ainsi le grand Okusaï était fou de dessin.

Ces forces puissantes et irrésistibles ne s'éteindront pas avec leur créateur. Flamand, type résolument symbolique de cette race grave et passionnée, il a représenté ce qui se prie, ce qui s'aime, comme les grands aïeux Breughel et Rubens ; et surtout comme l'a chanté Charles de Coster, tout au long de son Till Ulenspiegel, le Pantagruel du Nord, miroir du réalisme allié au fantastique, et perpétuel recommencement de la vie.

L'ENFANT ENSOR

Un jour de son enfance, l'enfant Ensor ouvrant, dans une chambre inhabitée, un placard à la porte condamnée, poussa un cri terrifié, car il s'en échappait une épaisse fumée de monstres.

A la rétrospective de 1929, on pouvait voir une toile de la première manière du peintre, représentant un enfant saisi d'effroi devant une avalanche de monstres s'écroulant d'une armoire entr'ouverte.

A quelle histoire de grand'mère l'Oye, à quelle songerie entrevue, devait-il ce choc psychologique qui allait le hanter pendant vingt ans et doter la peinture européenne du plus prodigieux évocateur moderne de masques et bergamasques ?

C'est un vendredi treize du mois d'avril 1860, que naquit James Sydney Ensor dans une vieille maison d'Ostende.

Je l'ai interrogé sur l'heure exacte de sa naissance aux fins d'horoscopes pour les astrologues, mais il ne reste pas trace précise de l'instant de sa venue au monde.

Le milieu dans lequel il fut élevé nous est aisément imaginable par ses tableaux peints de 1881 à 1883.

Son père, James Frédéric, nous est connu par plusieurs toiles et dessins de l'artiste, qui le représentent comme un homme blond aux yeux doux de rêveur nordique. Il était né à Bruxelles le 27 octobre 1835. Il était d'origine anglaise : fils de James Rainfort et de Anna Andrew.

C'était un amoureux de peinture et de musique.

ENSOR a sans doute hérité de ces dons, et de la qualité de son humour.

Ne cherchons pas si c'est par lui qu'ENSOR tient parfois de Rowlandson et de Gilray, ces sublimes caricaturistes. On n'en finirait plus s'il fallait préciser des influences, et Hogarth trouverait sa place près de Turner, pour certains roses des visages ou sur les toiles représentant la mer au crépuscule.

Recueillons plutôt de son atavisme, une fantaisie burlesque, un humour malicieux et le goût inné pour la musique, puisque ce père était, paraît-il, mélomane.

La mère, « une flamande à aiguille, finement espagnolée », aimant le travail bien fait, les armoires parfaitement rangées, était demoiselle Maria Catharina LODEWYTA HAEGHEMAN, née à Ostende, le 24 avril 1835, d'une famille de commerçants et de marins.

La famille HAEGHEMAN tenait commerce de *« Souvenirs d'Ostende »* : baigneuses de porcelaine, bateaux en bouteilles, objets de nacre, faïences de Chine et Japon, magots, que nous avons connus dans « la Grotte aux Sirènes », il y a vingt ans, alors que ce magasin était encore exploité dans la dernière maison d'ENSOR, où il habite depuis 1916.

Ses œuvres maîtresses furent exécutées dans ce décor des anciens souvenirs de l'enfance. Tout en haut du logis, il avait établi son atelier dans une mansarde, à laquelle on accédait par un véritable escalier de bateau.

C'est là que fut peint le chef-d'œuvre : *L'Entrée du Christ à Bruxelles*.

Comme la toile n'a pas moins de deux mètres soixante de hauteur, sur quatre mètres de long, elle occupait toute une paroi. ENSOR nous a souvent conté que c'est à plat ventre sur le sol qu'il peignit les gros personnages du premier plan, tandis qu'il devait monter sur une échelle pour atteindre la scène principale, le Christ chevauchant, et les arrière-plans de son tableau.

Dès l'âge de douze ans, JAMES ENSOR eut les pinceaux en main. Il avait pour maître un artiste local, Van Cuick.

En 1877, il devient élève, non sans mauvaise humeur, de l'Académie de Bruxelles où il resta deux ans. Il logea dans une modeste chambre de la rue Saint-Jean.

De cette époque, subsistent des dessins d'après des moulages pris sur l'Antique, un *Retour du Calvaire*, simple esquisse peinte déjà avec des audaces de couleurs, et un grand dessin *La Mort d'un Théologien*.

Vite son dessin s'individualise : si une influence s'y discerne, elle ne provient pas de la leçon des maîtres belges de l'époque, mais bien plutôt de Rembrandt, que ce soit dans ses figures, comme *Le Roi Peste* ou, plus tard (et jusqu'à 1888), dans ses grandes compositions religieuses au fusain et au crayon Conté.

Si le mot d'Ingres reste vrai : « le dessin est la probité de l'art », à rebours de nombreux contemporains, chez ENSOR, la qualité du dessin s'équilibre avec la qualité de la couleur ; lorsque la couleur chez lui prédomine, c'est à l'hiver de sa vie.

Mais on put considérer comme d'importance dès ses premières œuvres : en 1880, dans ses dessins : *le Gamin* ou le *Type Ostendais* de la collection François Franck, *la Blanchisseuse* de la collection Albert Croquez, et surtout dans ses peintures : *la Femme au nez retroussé*, du Musée d'Anvers, *les Lampes*, *le Lampiste*, ou *la Coloriste*, partout où se révèle le premier style d'Ensor.

Si nous voulons tenter de pénétrer dans l'intimité de l'artiste à sa vingtième année, nous sommes assurés qu'elle nous est scrupuleusement restituée dans cette atmosphère de poussière bleutée, qui subsiste d'ailleurs encore dans tant d'intérieurs flamands de Gand, Bruges ou Ostende.

Le maintien digne et attentif de ces femmes à la fois vigoureuses et rêveuses, la sévérité apparente de ces visages masculins, caractérisent la bourgeoisie flamande, telle que nous l'avons connue par ces admirables mécènes et collectionneurs qui se nommaient les Franck, banquiers d'Anvers ou les de Blick, brasseurs d'Alost.

Mais sous ce masque grave, quelle ironie, et surtout, quelle générosité du cœur!

Chaque chose à sa place : objets et couleurs.

Avec les premières grandes œuvres du jeune peintre, nous vivons dans l'intimité de la maison flamande : meubles opulents, tapis orientaux, vases de Chine, souvenirs offerts par quelque parent armateur ou marin. Le jour de réception, la Dame est au piano; un monsieur en visite écoute la *Musique russe*, qu'aimait tant le père d'Ensor : mélodies de Tchaïkowski ou de Rimski-Korsakoff.

La musique russe a été révélée au public parisien en 1904; mais dès 1881, on connaissait à Bruxelles, à Anvers, les maîtres de la musique venue du Nord, importée par les grands chefs d'orchestre, les œuvres des Cinq, et de l'auteur de la *Symphonie Pathétique*.

En Belgique, la musique est reine, les orchestres sont prestigieux. L'immortel Ysaye muni de son Stradivarius : l'*Empereur*, faisait tous les dimanches délirer les sévères marchands et leurs « dames » dans les salles de concert d'Anvers et de Bruxelles.

Et le long des soirées, dans le salon, où les objets d'art : tableaux, faïences ou tapis somptueux comme des Vermeer dont ils ont les rouges profonds et les bleus — ah ! les bleus-delft d'Ensor — les sujets sous globes, montrent le goût exquis des collectionneurs. Dans un angle, près de la fenêtre, voici le piano droit, noir et sévère, qui n'est point ici un vain ornement, car le Belge adore la musique et nombreux sont dans la petite bourgeoisie les exécutants remarquables.

Ce fin plaisir de la musique apporte les émotions de l'harmonie et du chant. Comme l'harmonie préside à ces soirées d'intimité d'Ensor, dans *la Musique russe*, le *Salon bourgeois*, *la Dame Sombre*, l'*Après-midi à Ostende*, les portraits du *Père*, celui de la *Mère* de l'artiste, et la *Dame en Détresse* du Musée d'art moderne de Paris !

Il arrive souvent que la musicienne se double d'une robuste gastronome, épanouie et sensuelle en bonne flamande, comme dans la *Mangeuse d'Huîtres*, robustement attablée devant une nature morte qui, deux décades avant lui, nous fait songer aux intimités de notre Vuillard.

1880 — Ensor a vingt ans, il est de retour de ses études à Bruxelles et les parents sont bien indécis.

Un artiste dans une famille, quelle charge. Si du moins James peignait des sujets religieux ou des bateaux sur la mer comme on les voit sur les sujets de « Souvenirs d'Ostende ».

Mais ce diable de grand escogriffe — un escogriffe et un diable vraiment! — ne choisit, comme sujet, que des objets ridicules : il dérobe ses choux au jardinier, les volailles et les poissons à la cuisinière et les lampes à la femme de ménage chargée de les astiquer. Rien qu'à l'odeur, on peut savoir ce que là-haut, au quatrième étage, James peint dans sa soupente.

Parfois la viande est faisandée et le poisson tournant à la tristesse se liquéfie et devient un monstre fétide. Toute la maison est alors empuantie par ce grand gamin : odeur de térébenthine et d'essence de pétrole, odeur froide des couleurs qui colle à la bouche ; et ces choux qui surissent dans son grenier, ces poissons, ces coquillages, qui empestent de toute leur agonie, « Peste dessous... peste dessus... peste partout... », comme écrit ENSOR au bas d'un dessin impubliable. Le père brusquement monte l'escalier, perd son calme britannique, s'apprête à morigéner furieusement James. Il ouvre la porte d'un coup de pied...

Bien sagement assis devant son chevalet, James, un chapeau de paille sur la tête, et sur le chapeau une couronne de fleurs, peint gentiment, se détourne, et sourit.

Le père est désarmé, il éclate de rire.

— James, tu es insupportable! Ta pauvre maman...

James baisse le nez. Ce jeune homme barbu ne sait que rire, et sourire.

Je pense à la tristesse invincible de Picasso.

— Je te promets, père. J'en ai fini avec la poissonnerie. Regarde...

Le père qui est artiste, et sensible, regarde.

Sur de la paille et des varechs, tombée d'un panier, gisant de toute sa pesanteur d'animal mort, blanche, veinée de taches roses et bleues, s'étale une raie. Pourquoi cette bête sordide, qui ne retiendrait pas le regard, est-elle soudain émouvante, c'est-à-dire « capable de vous émouvoir »... une simple bête morte, une chose que l'on voit tous les jours à l'étal du marché aux poissons ?

Le père est silencieux.

Il ne comprend pas d'où vient sa surprise.

Mais il aime cette peinture. Il y retrouve la qualité qui le surprenait devant une « Marée » du grand Snyders, devant une nature morte riche de faisans multicolores, d'huîtres ouvertes, de homards, de saumons irisés, tels qu'on les voit dans les tableaux succulents de Jordaens.

Oui, c'est cela, l'Art : prendre une chose vulgaire, un objet de tous les jours, et avec cela, parvenir à créer de l'émotion.

James s'est remis à peindre. Il ne sourit plus car il jouit de son travail de créateur.

Le père, silencieusement, se retire sur la pointe des pieds, referme la porte, redescend.

— Il faut en prendre son parti. C'est un artiste...

Mais parfois, la révolte éclate.

— A vingt ans, perdre son temps à pareille besogne! Tu seras toujours un inutile. Je me demande vraiment à quoi tu espères arriver avec ta peinture ?

Paroles d'autant plus pénibles, qu'elles sont prononcées sur ce ton de bonne société que savent rendre si froid, si tranchant, les implacables Flamands. La mère a les yeux bien tristes, et James boude. Il en a assez de cette boutique, de cette petite bourgeoisie à principes, où l'on ne pense qu'à manger plantureusement et gagner de l'argent.

Il pose sa serviette, se lève, monte dans sa soupente,

bourre ses poches de crayons de couleurs, empoigne le bloc à dessins et part le long des quais d'Ostende.

On y connaît le fils Ensor. C'est un grand gars plutôt gentil, un monsieur certes, mais pas trop fier, qui aisément paie un verre, à l'occasion pince les hanches des filles, danse au son des orchestrions, vide chope sur chope, en compagnie des pêcheurs et des écaillères.

— Alors, Jef, pour vous, ce sera ?
— Moi, un genièvre. Et pour vous ?
— Un verre de gueuse.
— Si tôt, à une heure de l'après-midi, monsieur James ?
— Il faut que je me remonte... Dites, Jef, vous ne voudriez pas poser un moment pour moi ?

Contre une proue de barque, le pêcheur s'assied, prend la navette et le filet qu'il répare. Ensor tire de sa poche les crayons de couleurs, et travaille.

On ne fera jamais accepter de conception du monde à un Flamand, que sous bénéfice d'inventaire.

Si modeste, si limité, si fanatique qu'il soit, un homme des Flandres, belge ou française, n'accepte aucune idée les yeux fermés. Même le plus religieux, le plus courbé sous le faix des croyances, si humble soit-il, il faut qu'il discute, évalue toutes choses en peseur d'or, en peseur d'âme, et se reconstitue un domaine spirituel ou politique, où la réflexion silencieuse et la discussion passionnée tendent à mettre de l'ordre, afin d'avoir des bases contrôlées, qu'il considère comme des absolus sans lesquels il ne pourrait vivre.

Les plus humbles, c'est vers eux qu'Ensor allait pendant dix ans chercher ses impératifs catégoriques et les personnages de ses tableaux.

Il les trouve le long des quais d'Ostende remaillant leurs filets, dans des conversations avec des écaillères ou des marchandes de crevettes et caracoles, dans les soirées d'estaminet, les coudes sur la table et la pipette de terre au bec. Et aussi à Bruxelles, dans le quartier médiéval de la Puterie si lamentablement et inutilement condamné à la destruction par le dieu Urbanisme, et jusque dans les ruelles et les sentines si pittoresques, et grouillantes des Marolles sous les maisons à toits crénelés, pignons datant de l'époque de la domination espagnole.

Là, le samedi soir grouille, au son des orchestrions et des harmonicas, la population la plus sordide, mais la plus pittoresque du monde.

Jamais peintre n'a mieux étendu son empire, débordé sur l'histoire de l'art et la logique des formes et des couleurs, pour en prolonger jusqu'à l'irrationnel raisonnable toute la séduction à nos sens accordés et ravis, en dotant ses paysages des bleus de la mer et la mer des formes, nuances et caractères des foules humaines.

Ainsi, son *Carnaval de Bruxelles* est-il une mer vivante de cobalts, de rouges et de chromes, comme une aurore sur les dunes de la Mer du Nord.

LE CHRIST A BRUXELLES

Cela commence par des roulements de tambours venus des faubourgs.

Peu à peu, ils se resserrent sur le cœur de la ville et la fièvre monte.

Ce n'est pas que ce peuple soit guerrier. Mais il aime ses gardes-civiques, aux chapeaux de cuir bouilli dominés d'un plumet, ses petits fantassins jaunes et verts, et ses lanciers en habits d'amarante qui paradent si gentiment, durant les soirées de printemps, autour des kiosques à musique.

La musique! En Belgique, elle est partout, chaque fois qu'il en est loisir. Le samedi soir, elle s'échappe des portes ouvertes des estaminets à orchestrions de la rue Haute, aux Marolles, et des rues chaudes du Schipperskwartier d'Anvers. Les mineurs du Borinage n'ont pas de meilleure distraction que de chanter en duo, en chorales, en sociétés. Ces sociétés, en Belgique, il en est de tous les goûts et partout: sociétés de tireurs à l'arc, sociétés de joueurs de bouchon, sociétés de combats de coqs, sociétés de buveuses de café du pays montois, sociétés de culotteurs de pipes en terre, sociétés de buveurs de lambic, faro et krieken-lambic, sociétés de pêcheurs de caracoles, sociétés des chasseurs de Saint-Hubert, la forêt mystique et illusoire où depuis un siècle on n'a vu un sanglier, sociétés de pêcheurs d'écrevisses dans la Lesse et la Semois, sociétés de bigophones...

En chars à bancs, en vélos, en cars, en chemin de fer, ils sont venus de partout, du pays de Frise et des Ardennes, du Borinage et des Béguinages, et des banlieues aux noms clinquants : Schaerbeeck, Molenbeeck, Anderlecht, Ixelles, Laeken. Vêtus de leurs plus beaux atours du dimanche, ils ont accouru pour participer, dans une buée de cris et de joie, à la fête populaire et divine.

Dans l'anonymat de la foule, on se dit mille vérités et secrets de la vie intime, les langues se libèrent, dévoilent les caractères, et la folie en fête fait tomber les masques de l'hypocrisie.

Un jour, Jacques Copeau me disait : « Je ferai porter des masques à mes acteurs. Le masque leur permettra de révéler le plus secret de leur nature intime. »

Dans les pays de religion et de contraintes, Flandres, Andalousie, Rhénanie, Vénétie, le Carnaval autorise à toutes licences.

Il faut voir cela, tout comme on assiste à la procession du Saint Sang de Bruges, au carnaval de Binche, au cortège des pénitents de Furnes, dans l'éclatement des étendards semblables à ceux de Van Artevelde, ou du temps des comtes de Horn et d'Egmont. Il est si bon de se griser de cris, d'acclamations et de joies en commun, d'autant plus que cela n'arrive qu'une fois dans une vie : voir l'Entrée du Christ à Bruxelles.

Le Christ viendrait des Flandres, paraît-il. Dans cet univers vibrant comme une symphonie apparaîtra Jésus, le Beau Dieu. Il est fort et doux et de peau blanche sous le poil roux, tel que le virent les frères Van Eyck et le gros Rubens, et assez semblable à son cousin grec : Zeus, roi des dix. Ensor a les attributs solaires de ce Jupiter des romains auquel, en sa jeunesse, il ressemblait comme un frère du Nord.

Un paysan de Deelle, le pays fantaisiste de Till Ulenspiegel, a fait cadeau à Jésus d'un âne pour qu'il ne blesse pas ses divins pieds le long des chemins. Certains disent qu'il viendra vêtu d'une tunique pourpre; d'autres prétendent que ce sera de lin blanc roué au fil de l'eau de la Lys. S'en sont allées à sa rencontre toutes les sociétés flamandes.

Le Christ ne saurait venir que de Flandre, car c'est son pays d'élection. On sait bien qu'on trouve le soir par chemins le fils de Marie, ou rêvant dans les halliers et les houblonnières; et plus souvent encore assis modestement près de l'orateur, sur l'estrade, dans les réunions du parti socialiste. Car il se plaît avec les cœurs simples, c'est bien connu. C'est par lui qu'on obtient le pain à bon marché, la guérison des enfants et le pardon à l'heure de la mort. Le Christ des Flandres n'est pas sévère ni lointain : c'est un bel homme très doux, très serviable, qui, lorsqu'on l'en prie gentiment, fait prendre du poisson au pauvre pêcheur, tirer les cheminées les plus rebelles, retrouver les clefs perdues par les chambrières, tourner l'aile des moulins dans la plaine infinie. Et il console et réunit enfin les amants perdus.

On le respecte, car c'est un « bon fieu ». D'ailleurs, pourquoi ne pas le respecter ? Il aime ceux qui l'aiment et voit dans l'instant le vrai visage du méchant et de la honte.

Vous croyez pouvoir dissimuler votre avarice, votre

jalousie, votre orgueil ? — Mais voilà que votre visage devient vert avec les reflets jaunes de ceux qui aiment l'or, vos tempes se gonflent de veines prêtes à se rompre sous l'assaut des images obscènes; votre face s'aplatit et rougeoie comme écrasée sous le poids de toutes vos vanités, Ensor, de son père anglais, a entendu souvent ces paroles de bon sens, venues du lointain des mondes par le Livre : la Sainte Bible, ou par la parole,

En bon Flamand, Ensor est de ceux qui ont en leur âme un livre de raison; il a appris des paysans la connaissance des bêtes, les influences de la pluie et du soleil; il sait observer le vol de la pie, la forme des nuages et leurs prophéties du temps; il sait quand il faut semer ou couper suivant les caprices de la lune et des astres, et il sait voir sur le carnaval des visages la géographie des sentiments humains les plus cachés.

Celui-ci, qui s'est affublé d'un masque porcin, se souvient qu'il n'est à ses heures de vérité qu'un cochon; ce personnage à face verte, aux petits yeux brillants, sa bouche sans lèvres ne devient humide qu'au spectacle des bûchers, lorsque les flammes font apparaître la nudité des sorcières et grésiller les poils de leur nature intime; celui-là, avec sa face de carême, sous le chapeau haut de forme et cérémonial, est dominé par la peur, peur du vent qui hulule dans les peupliers, et peur du balai de sa femme qui l'attend derrière la porte pour lui cogner la tête.

« Il y en qui sont déjà morts et ne le savent pas. »

« Il y en a qui sont les frères de Dieu et ne le savent pas. »

Et voilà qu'en ce jour de l'Entrée du Christ à Bruxelles, ils ont tous mis sur leur visage, le véritable aspect de leur caractère profond. Aussi bien, c'est confession générale aujourd'hui, et si Jésus vient parmi son peuple, c'est pour la rémission des erreurs et des fautes : « péché avoué est à demi pardonné ».

Mais ces bonnes commères en petits bonnets tuyautés, toutes nimbées d'azur, telles qu'on les voit encore aux marchés de Malines et d'Audenarde, elles ont le sourire des amies de Jésus. Et voici la musique en shako, les fanfares doctrinaires, les Gras et les Maigres comme dans les images exemplaires du Vieux Breughel, les Gilles et les Polichinelles, Matamore et Pierrot, voici des gens impudiques qui s'embrassent en plein air à bouche que veux-tu; une petite bruxelloise, au nez retroussé, aux cheveux d'avoine folle, qui, indifférente à tout le reste, court à ses amours. Quelques amis d'Ensor rentrés dans l'anonymat des magistrats de province et les mausolées sans faste des gloires bourgeoises et familiales, se trouvent mêlés à cet étrange et pieux carnaval; et voici le grand violoniste Ysaye, qu'il faut, comme dans une assiette-rébus, chercher dans la foule.

Enfin, dominant le peuple en liesse, une banderole, qui traverse la rue, porte ces mots :

« VIVE LA SOCIALE »

Ensor avait alors vingt-huit ans. Revendications catholiques et revendications ouvrières se confondaient souvent dans les réunions politiques :

« VIVE JÉSUS »

« ROI DE BRUXELLES »

Les choses étaient simples en 1888.

En considérant *l'Entrée du Christ*, on s'aperçoit qu'Ensor est le dernier des grands peintres baroques, et l'un des plus prestigieux coloristes de ce temps.

Ce n'est pas seulement par la franchise de ses aplats, la virulence de ses coloris, qu'il fait, dans cette fresque, songer à Degas — que d'ailleurs il ignorait — mais par une vision quasi photographique : les premiers plans sont très nets, d'un dessin précis; ses seconds plans un peu flous semblent destinés à mettre en valeur les milliers de personnages aux couleurs dansantes, qui au fond de cette œuvre capitale crépitent des cobalts, des vermillons et des véronèses mêlés. L'orgie et la joie de cette fête patronale ont quelque chose de dyonisiaque : l'impression physique qui s'impose trouble et subjugue, vient de la vibration intense et naturelle de la couleur, comme d'un champ éclatant de toutes les fleurs de l'été.

Comme nous l'avons dit précédemment, cette toile fut exécutée dans le grenier du précédent logis d'Ensor, Rampe de Flandre, le bas posé à même sur le sol :

— « Pour peindre les personnages du premier plan, j'étais obligé de m'allonger à plat ventre, par terre. »

Et ce disant, Ensor se met à rire comme d'une bonne blague.

Auguste, fidèle et doctrinal, qui s'identifie déjà à un gardien de musée, s'empresse d'ajouter :

— « Ce tableau a pour dimensions deux mètres cinquante-huit de haut sur quatre mètres trente de large. Vous remarquerez que la toile porte une blessure, causée en 1940 par un éclat de bombe, mais sans autre altération. Nous prîmes ensuite la précaution de la rouler et de la mettre à l'abri. Le maître a toujours refusé de quitter son domicile ou de gagner la cave pendant les bombardements d'Ostende. Son œuvre n'a quitté notre maison que trois fois : en 1929, pour être exposée à la rétrospective du Maître au Palais des Beaux-Arts de Bruxelles, où elle fit la joie du public. En 1939, elle a été transportée pour figurer à l'Exposition Ensor à Paris. Enfin, pendant la dernière guerre, il a fallu desceller le balcon pour la faire passer par la fenêtre. »

S'il ne restait d'Ensor que cette œuvre, elle suffirait à témoigner de la grandeur de ses conceptions et de ses réalisations.

C'est une Somme et un Grand Testament.

1888. Cette orgie de couleur, ce délire, chez un jeune homme perdu, là-bas, en Flandre, *sans contact avec Paris*, quelle révélation! A cette époque, Gauguin revient de la Martinique, et conduit à la folie Van Gogh qui arrive en Provence; Bonnard a vingt ans et Renoir a quarante ans et ne parvient pas à vendre une de ses toiles. Ensor, bien entendu, ne connaît rien d'eux.

Or, il y a de tout cela dans *l'Entrée du Christ à Bruxelles* : des frissons colorés des peintres de Paris et des violences à la Daumier, les flonflons d'une kermesse et des douceurs d'églogues. Quand les yeux vont d'un bout à l'autre de cette œuvre, on est ahuri, bousculé, charmé, amusé, on entre dans le jeu de la danse des tons, on éprouve les joies de la bonne santé, on est de la famille de Dieu le Fils, roi des Juifs et du Peuple, de Celui qui comprend tout, aime tout, et qui pour la première fois a trouvé ici un peintre pour révéler que le Christ n'est point tristesse, douleur et cadavre, mais joie, clarté et amour, et nous a révélé vraiment la Joie de Vivre.

LE DIABLE DANS LE BÉNITIER

Il y a une dizaine d'années, on trouvait encore aisément sur les quais de la Seine, dans les boîtes où sont soldées les revues et les publications bon marché, le numéro de *La Plume*, consacré à James Ensor.

Avec quelque chance on découvrait également des brochures aussi précieuses que de prix modiques : la *Chanson d'Eve* de Van Lerberghe, les poésies de Rodenbach et son roman *Bruges la Morte*, en même temps que des gravures libres de Félicien Rops, avec ses fesses en jarretelles et ses nichons en corset, poésie et gaudriole mêlées qui faisaient le fond des librairies bruxelloises, et perpétuèrent la tradition des Liseux et des Poulet-Malassis.

Tout un monde perdu, galanterie de dentelles et satins dodus des petites Bruxelloises, intelligence raffinée de quelques « Happy Few » qui furent de grands écrivains et poètes, presque tous transmissibles, et qui survivent, avec des œuvres inégalées comme la Chanson d'Eve de Fritz Van Lerberghe, ou les visions apocalyptiques du monde des travailleurs par le titan Verhaeren, les robustes romans de Camille Lemonnier, et de Demolder, faisant un cortège d'éloges à leur camarade James Ensor.

Le joli temps! On travaillait avec lenteur, on ne parlait qu'après méditation, car l'on possédait alors ce luxe suprême : le loisir.

Ceux qui célébraient alors la jeune gloire d'Ensor et exaltaient son génie en ce numéro de *La Plume*, publié en 1899, avaient pour noms : Camille Lemonnier, Edmond Picard, Emile Verhaeren, Pol de Mont, Louis Delattre, Octave Uzanne, etc...

Les observateurs superficiels étaient surtout frappés par l'effet saisissant de la reproduction d'une lithographie d'Ensor, son *Hop Frog*, et par la liberté de ses dessins cavalcadants. En cette fin de siècle, Ensor est le plus inventif et le plus indépendant des peintres belges.

Et cependant, certains de ses confrères ont un incontestable talent. En dépit d'Ensor, qui est injuste, moins en ses propos qu'en ses écrits, parfois par esprit d'indépendance, toujours par passion, voici des intimistes charmants, les Frères Stevens. Sourions quand Ensor les qualifie de :

« *Mousquetaires revomis. Dynastie pesante et affligeante. Ex-crème de cocodès. Sous-officiers astiqués et savonnés. Ils ont chiffonné les jupons et les soies de l'Impératrice et massacré le grand Manet!* »

Arthur, Alfred et Joseph, de ce trio fraternel, chacun passe tour à tour sous le coup des flèches de cet impitoyable sagittaire.

« *Sacripants. Démolisseurs à suçoirs. Poulpolatres. Arachnéides moustachus, spadassins soyeux, diplomates à trois dents, teinturiers iodés, boutiquiers formidables. Débris national.* »

Et si ces pauvres bonshommes se permettent d'écrire, Ensor qualifie leurs articles de : « *Bourdonnements de vesse aigre tournoyant dans un moule terne... les critiques de M. Stevens sont hyénales, vampirioques. Il sait lancer raidement un jet pisseux de civette essoufflée. »*

Et allez donc! Quelle santé, quelle belle santé de garçon certain de la puissance de ses reins, de l'ardeur de sa plume rabelaisienne, et fier de ses goûts, comme il se révèle présomptueux de ses choix et de son art!

Ensor n'a guère changé depuis ce temps, il sait aimer et haïr, je crois l'avoir dit, avec passion.

C'est aux Stevens qu'il porte ce coup droit comme un éclair d'acier, qui enchantait tant notre André Malraux :

« *Les suffisances matamoresques appellent la finale crevaison grenouillère.* »

Hélas! Ses admirations ne sont guère plus justifiées. S'il déteste les fines et un peu trop sucrées intimités des Stevens, il prône l'affreux Henri de Groux, le poulain du gorille Ambroise Vollard — lequel, sous l'influence des peintres, finit par s'éveiller, et « joua » sur Cézanne, Renoir, Rousseau, grâce aux conseils des Natanson, de Félix Fénéon, de Théodore Duret, de Pissaro, Degas, Matisse, Derain et Vlaminck.

Ensor aime aussi le fade Boulanger.

On aimerait trouver sous sa plume pour exalter leurs remarquables tableaux, les noms d'Evenepol, d'Henri de Braekeleer, Théo Van Rysselberghe, premier disciple de notre Seurat, de Jacob Smits, de Valerius de Saedeler, des jeunes peintres de l'Ecole de Laethem Saint-Martin, et surtout de l'adorable Rik Wouters.

Mais il n'a pas le temps. L'Exposition Universelle de Bruxelles vient d'amener dans la charmante capitale, des peuples, des palais, des fontaines lumineuses de toutes les couleurs les plus tendres, et surtout, l'admirable musée du Congo au Palais de Tervueren, où des fétiches, des bois précieux, des étoffes et des coiffures de perles et de plumes chatoyantes, enfin des masques étranges et mystérieux, enchantent les yeux avides du sorcier d'Ostende.

La belle époque! Ensor a quarante ans, son nom est glorieux, et James est amoureux, car les sirènes luisent à ses yeux de toutes leurs adorables courbes, et de leurs reflets nacrés.

Il chante en couleurs : et ce sont ses toiles de maîtrise : les *Toits d'Ostende, Coquillages et Poissons*, les *Squelettes à l'Atelier*, les *Barques échouées*, aux tons violents et crus comme dans les meilleures toiles de Van Gogh, et toutes ses natures mortes où éclate un bleu incomparable, un bleu transparent, un bleu de Delft exquis, précieux, sensible, un bleu aussi inventé que celui de l'Angelico, un bleu inoubliable, le bleu d'Ensor.

Comme il devait être heureux, pour créer de ces orchestrations majeures dans la grisaille d'une provinciale Ostende balayée par les embruns, hantée d'une population brune et noire.

Dans les maisons de Flandre et de Hollande, dans ces pays où l'hiver dure huit mois, où la lumière est rare et précieuse sous les lambris sombres, il faut de ces tons éclatants pour animer de joie les intérieurs. C'est de tradition depuis les Van Eyck, que la peinture soit enchantement, joie, clarté.

Ensor a beau faire entrer le burlesque et même le macabre dans ses tableaux, y convier les objets les plus humbles : la joie des yeux, par la peinture claire, y crée ses féeries et ses magnificences.

Squelettes aux poses burlesques et têtes de mort ricanantes ne sont point conviés comme en farce d'atelier, mais pour le goût, que porte Ensor, au fantastique.

Ensor recrée le monde à son image. Ce qui est le fait d'un authentique artiste, donc, d'un inventeur, car il n'est pas d'art sans renouvellement des formes d'expression.

On pense à cette maxime de Kierkegaard : « la révélation consiste en ceci : *celui qui reçoit est celui qui aime* ».

Quel amour de la nature pour approcher ainsi de la vérité essentielle, et *individuelle*, d'une forme, d'une harmonie de couleurs rares, inattendues et douées d'une vie palpitante. Il est vrai que l'on est toujours le fils d'un créateur. A ses souvenirs d'enfance, on doit ajouter au nombre de ses inspirateurs, les imagiers japonais, qui le furent aussi pour Manet et Lautrec. Leurs estampes, alors sans valeur, ornaient fréquemment les ateliers d'artistes. Les premières furent importées par Théodore Duret qui, au retour de son voyage au Japon avec le baron Cernuschi, en fit don à son ami Manet. Images populaires des manguas d'Okusaï, estampes aux tons violents, d'Outamaro, Toyokuni, ces scènes de la rue, du théâtre, de la vie des courtisanes, des fées et des Génies servaient souvent à envelopper les porcelaines et les curios expédiés d'Extrême-Orient. Ensor a dû en trouver dans la boutique de ses parents, et s'en inspirer inconsciemment.

En 1900, Ensor se situe enfin comme une entité esthétique incontestable : il est détaché de toute influence, et de tout souvenir, maître de ses réflexes picturaux, il crée dans l'euphorie et le bonheur, non point en impressionniste, comme l'oiseau chante, mais en ouvrier volontaire et inspiré.

Désormais, Monsieur James Ensor restera chez lui; c'est son univers, il suffit à son bonheur, à sa vie ardente d'artiste lumineux et radieux.

A Paris, il eût fait école.

Là-bas, il ne fit que des envieux.

On continue à le louer, mais aussi à le critiquer.

Il lui faudra encore trente ans pour atteindre à la gloire universelle, en 1929.

Et c'est un roi, secret, hautain et sage : Albert Premier, qui lui donnera le sacrement de plus grand peintre de son époque et de son pays; et pour l'imposer par témoignage évident, capable de convaincre les plus timorés et les plus sots de ses concitoyens, le Roi, après les féeries de la rétrospective, fait de lui le Baron Ensor.

Ensor, cependant éternel anarchiste et indépendant, en est fier, heureux, comme un enfant comblé.

Et toute la jeunesse artistique et littéraire lui offre aux Marolles, rue Haute, à deux pas du tombeau de Breughel, son apothéose, en un Banquet Ensor, où sont conviés, costumés en masques et bergamasques, tous les personnages multicolores, baroques et dansants, inspirés de l'*Entrée du Christ à Bruxelles*.

Désormais, le peintre n'a plus qu'à laisser s'épanouir son œuvre.

C'est une fleur qui durera longtemps.

ENSOR GRAVEUR

On a dit : le génie est une longue patience.

Tandis que l'œuvre peinte du grand Flamand offre le spectacle d'une perpétuelle évasion vers plus de liberté, la gravure d'Ensor lui permet de préciser sa pensée, de rechercher par le dessin, les limites nécessaires et suffisantes pour exprimer l'objet en sa vérité objective.

C'est en 1886 — il a donc vingt-six ans — que le peintre éprouve le besoin de cet absolu qu'offrent la pointe sèche et l'eau-forte.

Voici ce qu'Ensor, qui aime toujours à expliquer les mobiles et raisons de ses entreprises, écrira à Albert Croquez, dans une lettre publiée en tête du catalogue raisonné de son œuvre gravé :

« *J'ai vingt-six ans. J'ai peint le Lampiste, la Mangeuse d'Huîtres, le Salon Bourgeois, les Enfants à la Toilette, des Marins, des Masques et des Portraits. J'ai dessiné les auréoles du Christ ou les sensibilités de la lumière et des types ostendais.*

Je ne suis pas content.

Des idées de survie me hantent. La matière picturale périssable m'inquiète. Je redoute la fragilité de la peinture. Pauvre peinture exposée aux méfaits du restaurateur, à l'insuffisance, aux calomnies des reproductions.

Oui, je veux parler longtemps encore aux hommes de demain. Je veux survivre et je songe aux cuivres solides, aux encres inaltérables, aux reproductions faciles, aux tirages fidèles, et j'adopte l'eau-forte comme moyen d'expression.

En 1886, je grave directement des paysages marins où la lumière abonde et sous l'écran tamisé des nuées mordorées, l'accent des beaux traits agréablement se dessine sans états ni repentirs. Alors, c'est le sourire et pour montrer ma belle joie, je grave mes cathédrales, mes triomphes, mes diables comiques et mes masques narquois, et certain d'une survie due à dame gravure, je reprends ma palette avec un bel aplomb, et la couleur fraîche et pure, à nouveau me domine. »

L'œuvre gravé comprend cent trente-trois numéros, répartis de 1886 à 1933.

Du premier coup, ce fut le miracle : *Jésus montré au peuple*, établi d'après un grand dessin au fusain qui fait partie de la suite : *Les auréoles du Christ ou les sensibilités de la Lumière*. Quelques traits suggèrent le grouillement d'une foule réunie autour de l'estrade sur laquelle est exposé le fils de Dieu. A cette magnifique planche devaient rapidement succéder ses deux chefs-d'œuvre inégalés : *Le Christ apaisant la Tempête*, puis *La Cathédrale*, qui, en dépit de ses dimensions, est une œuvre dynamique et grandiose.

On ne trouvera une telle impression de grandeur, malgré l'exiguïté du format, que chez Jongkind, qui, sur une simple carte postale, parvient à donner l'idée d'infini des montagnes.

Dans *La Cathédrale*, on assiste à la fête de l'enthousiasme religieux qui précipite tout un peuple au pied d'une cathédrale imaginaire, suggérée, sans doute, par celles d'Anvers et d'Ostende. La planche semble palpiter d'une vie intense, et je ne connais, pour ma part, un tel effet que dans les gravures d'André Dunoyer de Segonzac, pour *les Géorgiques*, dans les vols d'oiseaux et dans les éclaboussements des cascades où sautent les truites d'Okusaï.

La foule du premier plan, agitée et confuse, qui donne sa proportion et sa grandeur à l'église, nous la retrouvons deux ans plus tard dans la peinture *l'Entrée du Christ à Bruxelles*.

Mais ici, le trait a suffi pour transmettre aux spectateurs l'impression de l'agitation populaire, dominée par la sérénité de l'immense vaisseau de pierre.

De la même époque, *le Christ apaisant la tempête* semble procéder d'une inspiration rembranesque, qui d'ailleurs se retrouve chaque fois qu'Ensor évoquera Jésus, que ce soit par la gravure ou par le dessin.

L'esprit bouffon du maître d'Ostende semble s'affirmer pour la première fois dans la loufoquerie, mais à la manière de Rembrandt quant aux clairs-obscurs, avec *Istou, Pouffamatus, Cracozie et Transmouf, célèbres médecins persans examinant les selles de Darius après la bataille d'Arbelles*, blague dirigée contre les médecins, exprimée en une turquerie satirique.

De l'année suivante, la *Grande vue de Mariakerke*. On voudrait qu'une telle planche puisse être reproduite à l'infini pour révéler ce qu'Ensor pouvait créer en 1887, de tumultueux et d'évocateur : les blés courbés par le vent — selon un procédé simpliste que l'on retrouvera chez Vlaminck vingt ans plus tard. C'est là d'ailleurs rencontre toute fortuite, car lorsque j'ai conduit le grand paysagiste contemporain chez Ensor, il en ignorait les œuvres. Mais avec quelle satisfaction, il se retrouvait, lui, Flamand, chez ses deux compatriotes, l'ancêtre ENSOR et son cadet Constant Permeke, le peintre des marins de la mer du Nord.

Passons sur le grand portrait d'Ernest Rousseau qui n'est qu'un excellent travail classique.

Mais en 1888, voici qu'apparaissent les burlesques : *Combat de Désir et Rissoli*, le *Combat des Démons*, les *Musiciens fantastiques*, le *Diable rossant anges et archanges*, où passe l'esprit déformateur et sublime de Hiéronimus Bosch, et de 1898 date la célèbre composition de *la Vengeance de Hop Frog*, inspirée du conte d'Andersen, qui devait être reprise en litho et que l'on trouve souvent rehaussée de couleurs discrètes.

Quelle que soit l'infidélité de la reproduction mécanique, ajoutons que, sauf pour les collectionneurs spécialisés qui attribuent une importance, d'ailleurs justifiée, à « l'état », il faut souhaiter que l'œuvre gravé d'ENSOR soit vulgarisé par des moyens fidèles. Il importe, en effet, de révéler la valeur exemplaire de ces planches, réservées jusqu'à présent à la délectation de trop rares amateurs.

Fuyant la monotonie, ENSOR renouvelle sans cesse ses sujets. Les Scènes symboliques — les Péchés capitaux — les paysages inspirés par la campagne flamande, les sujets burlesques ou satiriques, les représentations de types caractéristiques d'Ostende, s'étendent jusqu'en 1934. A cette date s'arrêtent ses gravures avec *la Procession de Gistelles*, lieu de pèlerinage fameux où, de tous les coins de Belgique, les fidèles viennent en foule, chaque année, au mois de juillet, en procession, rendre hommage à sainte Godelièvre, patronne des Flandres.

Personnellement, je ne connais rien qui révèle mieux la personnalité d'un homme que le dessin. C'est la preuve graphologique de son caractère. Sans même connaître la signature d'un artiste, on discernerait, à la qualité de son érotisme, un Félicien Rops, à sa tendresse, un Renoir, à son âpre romantisme, Van Gogh, l'avarice de Matisse, le sens de la définition chez Raoul Dufy, l'abondante richesse intérieure d'un Dunoyer de Segonzac, à son sens du tragique, Vlaminck.

Chez ENSOR, il est deux tendances qui alternent suivant ses états d'esprit : le respect de la personne humaine qui semble s'opposer à l'humour légué sans doute par son hérédité britannique.

Il serait souhaitable que l'on fasse connaître au public les remarquables dessins marginaux que le maître d'Ostende traça pour son ami Franck d'Anvers aux encres de couleurs sur des cahiers de poèmes : Mallarmé, Verlaine, etc... C'est une course brillante de petits personnages, doués d'une vie surréelle et qui semblent commenter les textes choisis par le dessinateur.

Ils sont parfois légers comme les poètes qui les inspirent, mais ne tombent jamais dans la trivialité : celle-ci est absente de l'œuvre d'ENSOR.

Il est cependant une planche que l'on voudrait voir disparaître du répertoire ensorien. Il s'agit de l'eau forte, datée de 1904, et intitulée *Peste dessous, peste dessus, peste partout*. Cinq personnages sont assis sur un banc de promenade, cependant que fument sous ce siège les produits des digestions. Une explication pourrait excuser cette grossière licence : la présence d'une mendiante exhibant pour éveiller la pitié un enfant puant, et celle d'un pêcheur, marchand de stockfisch. Le caractère satirique de l'œuvre apparaît clairement, car la mer et le ciel, en mettant au fond leur enchantement poétique, révèlent assez qu'Ostende, comme sa digue et son rivage, sont pollués par des présences humaines malodorantes. La scatologie vient aisément à l'esprit, et aux sens alourdis des gros mangeurs. Les goinfreries de Gargantua expliquent jusqu'à un certain point les gigantesques défécations de Pantagruel, l'appétit glouton de Guillaume Apollinaire peut être une explication de certaines pages nauséabondes de son œuvre surprenante des *Onze mille Verges*.

On s'étonne toutefois que chez un si grand poète, comme près d'un peintre aussi nuancé et sensible qu'Ensor, soit exprimé par la plume ou le burin, ce qui ne peut être manié que par la voirie.

LE DESSIN EN TANT QUE CONNAISSANCE
DU MOI D'UN ARTISTE

Le caractère d'un homme est déjà lisible dans sa signature.

Que ne révélerait donc pas le dessin, calligraphie multiple, qui n'est pas seulement assemblage de traits, mais ombres, lumière et repentirs ?

Par le dessin, un peintre délivre ses plus intimes secrets.

Il n'existe pas d'*Ecoles* de dessin, car chaque individu a l'écriture et le dessin de son caractère.

Passés les premiers essais, ou le stade automatique, dessins d'enfants ou d'aliénés, le dessin est strictement personnel, échappe aux poncifs, aux règles, aux lois, ou n'est autre chose qu'une copie.

Donc ENSOR suivit les cours de dessin de l'Ecole des Beaux-Arts, appelée en Belgique : *Académie*, pour y apprendre le rudiment.

Je ne connais qu'un seul maître moderne qui ait donné une lignée d'élèves prestigieux : Gustave Moreau, dont l'atelier a produit Matisse, Rouault, Bonhomme, Desvallières.

Durant trois ans, ENSOR peignit le jour — pour avoir le ton local réel — et dessina le soir d'après l'antique, *parfois composant ou géographiant ses rêves.* C'est lui qui écrit cette phrase décisive.

Même pour les peintres les moins *figuratifs* — c'est le mot qu'osèrent écrire les critiques du temps de l'occupation — le dessin permet une révélation du plus secret de l'humain.

Seurat et, aux antipodes, Ingres, l'un néo-impressionniste mystique, l'autre psychologue inconscient mais précis de la bourgeoisie, ont ramené des grandes profondeurs, des définitions humaines.

Les vrais artistes procèdent par inexactitudes, qui deviennent évidences, et s'imposent par le génie même.

Ils révèlent des vérités essentielles indiscernées, dont les pions, esthéticiens et critiques, tireront ensuite des lois qui, à peine formulées, sont déjà caduques.

Un artiste de talent ne peut représenter que le monde réel. Il a le sens des frontières.

Le créateur de génie n'a pas conscience des frontières.

Si on lui présente une barrière, il ne la contourne pas, il la franchit avec le sourire indifférent du danseur de Zarathoustra.

Comme tout génie, le créateur d'art est international, infiniment libre, unique; son imagination lui sert de passeport jusqu'à l'infini, et la force de cette imagination le propulse jusqu'aux terres inconnues.

Il en ramène des créations plus durables que la réalité, par quelque enrichissement de nature astrale : *Il y a plus de choses au ciel et sur terre que n'en rêve la philosophie*, dit Shakespeare, le plus sensible créateur de tous les temps; mais si Hamlet vit encore, n'en est-il pas ainsi de Béatrice, Gargantua, Fornarina, Faust, Julien Sorel, Olympia, Nana et mille créatures essentielles inventées par l'homme pour accompagner notre existence d'un cortège de fées, d'assassins, de types enfin, qui sont plus présents à nos esprits que les membres vivants de notre famille humaine.

Rien sans Dieu : fût-il de la poussière d'astres ou cette figure réincarnée par Ensor et rencontrée aux carrefours de la plaine de Flandre, à la procession du Saint Sang de Bruges, ou faisant son entrée à Bruxelles. C'est Jésus, roi des Juifs et lumière éblouissante, et prêchant les foules des Marolles, dominées par les bannières et les oriflammes des « Charcutiers de Jérusalem », et les inscriptions publicitaires de la Colmans Mustard, les appels revendicateurs de « Vive la Sociale » et « A bas la Calotte ». Ainsi Ensor voit-il le cortège de son Dieu. Mais aussi Dieu créa les démons. Henri Bergson écrivait dans son essai sur le *Rire* que l'art du caricaturiste révèle « sous les harmonies superficielles de la forme, les révoltes profondes de la matière. Cet art a quelque chose de diabolique, relève le démon qu'avait terrassé l'ange. Il y a dans la déformation du rire une part de mysticisme outrancier et de cruauté réfléchie ».

Comment ne pas songer aux personnages fantastiques des dessins d'Ensor : au *Roi Peste*, à la *Mort mystique d'un Théologien*, aux *Masques*, à *Hop-Frog*, aux monstres de *la Guerre des Escargots* et de la *Gamme d'amour*, qui sont devenus des réalités arbitraires, mais indestructibles.

En matière de dessin plus encore qu'en peinture, l'expression crée la sensation. C'est le miracle de l'art que de créer avec quelques signes, d'autant plus simples que l'artiste est près de la maîtrise, des syllogismes qui déterminent la levée des sentiments de l'observateur. L'esthétique tend donc à établir des échelles de valeurs déterminantes d'émotion.

Existe-t-il des lois immuables capables de fixer les rapports géométriques entre le thème et la sensation ?

Tous les grands créateurs s'y sont astreints, de Pythagore à Picasso, sans pouvoir y atteindre, car ce plus grand commun créateur n'existe pas en soi — sauf à l'instant de sa conception — mais est fonction du temps et de l'espace en perpétuel devenir.

Il est cependant des œuvres nées de la ligne et de la couleur, indéfiniment transmissibles : la plupart des vestiges de la statuaire archaïque grecque par exemple, qui s'attestent capables de toucher à la fois les plus érudits et les foules primitives. Mais à l'accoutumée, l'émotion esthétique est une résultante de longues expériences, d'éducation, de transmission de concepts congénitaux.

La conscience artistique à l'état pur n'existe pas.

Voyez comme ces premiers dessins d'Ensor — années 1879 et 1880 — ressemblent à ceux de Van Gogh. Ce n'est point par pur hasard, encore qu'il n'y ait ni rencontre, ni communication, mais identité de milieu, de lumière régionale, de types humains, et de stade général des connaissances artistiques. Tous deux habitent les plaines qui reçoivent leur vie de l'Escaut, tous deux vivent au milieu de cette population rustique et mystique des Flandres, leurs exemples viennent du maître du proche pays de Bois-le-Duc : Jérôme Bosch, des figures du vieux Breughel, des cavernes d'ombre de Rembrandt ; un même hiératisme de coutumes et d'acquisitions visuelles préside aux prémices de leurs décisions esthétiques.

On s'apercevra un jour de l'importance durable des

concepts de cet admirable esthéticien trop délaissé aujourd'hui : Hippolyte Taine, sur l'influence du temps, du lieu, des contingences vitales.

La vérité est visionnaire : mais le cerveau filtre la réalité et lui impose les caractères essentiels de l'individu.

Voilà pourquoi le mince filigrane du vieil Okusaï, pour tracer un œil ou le vol d'un oiseau, ne peut, à première vue, être confondu avec la représentation du même objet, dessiné avec une sobriété semblable, par Matisse ou Picasso réaliste.

Dans la véritable œuvre d'art, chaque fragment possède une vie et une signification sublime et absolue.

Mais la réalité de l'art est soumise à l'évolution, elle se transforme avec la lumière locale, avec le temps sidéral.

A mon avis, les œuvres d'art doivent être vues dans leur atmosphère de création, au lieu de leur naissance. Les admirables Uccello, Vermeer, Terburg, de la National Gallery, sont des objets de musée et non des tableaux *vivants*. C'est sans doute le miracle de la lumière d'Ile de France et du Louvre, que les tableaux de toutes les écoles du monde continuent à y vivre l'existence que leur ont transmise leurs créateurs.

La géométrie de l'esprit à la conquête de l'œuvre d'art est donc infinie, soumise à l'individualité matérielle et morale.

Ici, comme à la guerre, tous les moyens sont bons et justifiés par le but à atteindre, but toujours mouvant, et qui demande la modification constante des procédés employés par le peintre. Mais la base est donnée par le dessin. Chez ENSOR, le repu du Carnaval rejoint le goitreux de Vinci, le démon chauve d'Okusaï et les gentlemen obèses de Rowlandson et de Hogarth. Ne parlons pas d'exagération, mais de cette projection vers l'écorce terrestre du caractère intime des personnages qui lui donne sa haute signification humaine, rébellion contre le poncif et la convention. Toute création implique la rébellion contre les lois, heurte notre pensée, nos coutumes et ne s'impose que par la force.

Ainsi s'explique le travail malaisé de la découverte pour l'observateur. Songeons qu'il a fallu trente ans pour que s'imposent les impressionnistes et leurs concepts, et méfions-nous de ces générations spontanées et saisonnières de la critique saluant le talent dès ses prémices.

Le monde artistique est actuellement la proie des couturières, hommes et femmes.

J'appelle couturières non certes les honorables marchands de toilettes, mais ceux qui, en « lançant » avant terme et dès leurs premières ébauches tels peintres, ont vulgarisé et sans doute détourné de futures possibilités grandioses des artistes, et brûlent ainsi un artiste par saison.

Il faut avoir la vigueur d'un Picasso pour résister avantageusement à la mode. Le dynamisme qui l'entraîne vers de nouveaux essais, souvent négligeables, toujours incomparables, parfois transformés en buts précis et définitifs, garantit son œuvre contre le vieillissement.

Dès que le public, ou les confrères, saisissent le caractère propre à chacune de ses évolutions cabalistiques, il leur échappe. De là sa jeunesse et sa chance de durée.

La vérité réaliste est périmée depuis la photographie, et le dessin, comme la peinture, réclame une nouvelle identité : celle de l'esprit, celle-là même que l'on retrouve dans l'étonnante diversité du génie d'Ensor.

Depuis longtemps, délaissant les paysages du réel ou de

l'imagination, il se confine dans une sorte de contemplation intérieure où la réalité se transpose en apparences féeriques.

En lui, on discerne du magicien et du nécromant. La vue de sa personne physique détourne à tout jamais de l'accusation de morbidesse. Les squelettes et les monstres ne sont, chez lui, que des motifs d'évasion d'une existence trop bourgeoise, thèmes de rupture avec la monotonie de l'existence banale. Têtes de mort ou masques n'ont pas plus de valeur idéologique que les *Souliers* ou les *Harengs saurs* du cousin Vincent Van Gogh.

Mais ils atteignent à la même tragédie plastique, souvent à la même conception du drame; et parce que nous ne pouvons oublier leur identité plastique et l'effet qu'elle crée en nous, ils sont inoubliables, définitifs et appartiennent au domaine de nos connaissances intimes et universelles. Ce sont des confidences, qui n'auraient pas de signification sans la compassion qui inclina l'artiste à la célébration de leur représentation, les amenant ainsi à leur réalité plastique.

Ainsi revenons-nous au sens intime et personnel de la calligraphie, la main accomplissant les mouvements ordonnés de l'âme, pour assurer la survie de la sensation.

LE PRINCE DE NARQUOISIE

Ne rien prendre au sérieux que son art.

Ensor est avide de divertissements : littéraires et musicaux. Il est l'auteur d'un ballet-pantomime en un acte et deux tableaux : scénario et musique qui n'ajoutent guère à sa gloire, mais constituent une forme de divertissement qu'il se plaît à évoquer.

Est-il en confiance, il gagne son harmonium et anime d'un son grêle des marionnettes dansantes, singulièrement plus frêles que celles qui hantent le fond peint de l'atelier.

Le nom des personnages de son ballet évoque assez bien le burlesque d'un certain aspect du narquois : la fiancée porte le nom félin de Miamia, le fiancé s'appelle Fifrelin, symbole galant, les personnages secondaires : Grognelet, Brutonne, Olyandre, Chaudelette. Il faudrait le génie de Walt Disney pour rendre supportable la petite intrigue qui se déroule dans l'atmosphère des bergamasques les plus simples du maître, et la musique n'ajoute guère qu'un staccato sans grande valeur mélodique. Il fut cependant monté, ce flirt de marionnettes, à l'Opéra Royal d'Anvers, en 1923.

Les écrits d'Ensor sont d'une autre cuvée.

Parfois violents, dénotant une recherche verbale tintinnabulante, ils nous induisent à penser que la lecture de Rabelais — dont la verve parfois scatologique apparaît dans certains dessins et gravures d'Ensor — a dû marquer profondément ses débuts littéraires.

Ici encore, on pourrait parler de vives couleurs :

« L'Art des précurseurs est généralement amer et violent, parfois revêche; il faut le gober en purgatif violent.

Il sera beaucoup pardonné à celui qui a beaucoup osé.

Toujours on brûle ce qu'on a adoré. Pourquoi satisfaire le vil désir des foules, désir sans noblesse, curiosité pesant lourdement sur nous les grands sensibles. Soyons rebelles aux communions ! Pour être artistes, vivons cachés !

« Peignez, peignez toujours ; n'écrivez jamais », avancent très prudemment de bons censeurs chiquenaudés bredouillant correctement les inepties les plus opaques. Vive le paysan dans l'art, clament de bons plume-oisons et de fait l'éclosion du paysan navré largement culotté est à l'ordre du moment, c'est de l'Art flamand et vraiment nos as des embruns se battent les flancs.

Vers le pays de narquoisie et des inquiétudes palpitantes, j'ai mené voiles battantes ma barque pavoisée de flammes adjectivées d'encre. J'aimerais défendre avec vous la jeunesse et ses espoirs et je dirais à tous la belle légende du Moi, du Moi universel, du Moi unique, du Moi ventru, du grand verbe Etre; je suis, nous sommes, vous êtes, ils sont. Beaux peintres de génie, résignés, tête baissée vers les terres lourdes où pourrissent les fleurs et les feuilles claires, les saluts des blés mûrs et des roseaux moqueurs narguaient votre détresse.

Encore des ciels durs, ciels dépourvus de bonté et d'amour, ciels fermés à vos yeux, ciels pauvres, ciels nus sans réconfort, ciels sans sourires, ciels officiels, tous les ciels enfin aggravaient vos peines. Pauvres méprisés, voués à glèbe, accablés sous les sifflets et les rires méchants, vous ne pouviez croire à la bonté des hommes, la clairvoyance des ministres, et les bourreaux des bureaux vous lavaient la tête. Parfois vous en mouriez en crachant aux étoiles et vos crachats méprisants constellaient le firmament des peintres d'alors. Oui, j'ai sacrifié à la déesse vermeille des merveilles et des songes, nécessité complémentaire indispensable à l'artiste, mais crime impardonnable aux yeux de quelques bons apôtres classeurs de renommées bourgeoises. Ne dérangeons guère la quiétude symétrique du mécène mijotant dans son jus. Tant pis pour l'artiste, s'il n'est conforme, la non-conformité lui vaudra mille claques sournoises, ces messieurs ne sauront le classer, s'il devance trop allégrement son époque ou plutôt l'époque de la brosse polie.

A Ostende, dans la boutique de mes parents, j'avais vu les lignes ondulées, les formes serpentines des beaux coquillages, les feux irisés des nacres, les tons riches des fines chinoiseries et, surtout, la mer voisine immense et constante m'impressionnait profondément.

Mer pure, inspiratrice d'énergie et de constance, buveuse inassouvie de soleils sanglants.

Mer miraculeuse d'Ostende, mer formée d'opales et de perles, mer vierge que j'aime, hélas les gadouemans caverneux de la peinture osent salir vos faces divines et maculer vos robes tissées d'iris et lamées de satin blanc.

Vive la mer !
Vive nos beaux peintres !
Vive la couleur, ornement de nos noces spirituelles !
Vive les jeunes ! les jeunes ! et encore les jeunes !

Une nuit, alors que couché dans mon berceau, dans ma chambre éclairée, toutes fenêtres ouvertes, qui donnaient sur la mer, un grand oiseau de mer, attiré par la lumière, vint s'abattre devant moi en bousculant mon berceau. Impression inoubliable, folle de terreur. Je vois encore l'horrible apparition et ressens encore le grand choc de l'oiseau noir et fantastique, avide de lumière.

De même, les histoires mystérieuses des fées, des ogres, des géants malfaisants, contes pommelés, poivre et sel, gris et argent, m'impressionnèrent vivement. Aussi, et plus encore, un grenier sombre et d'épouvante, tout plein d'araignées affreuses, de curiosités, de coquillages, de plantes et d'animaux des mers lointaines, de belles porcelaines, de défroques couleur de rouille et de sang, de coraux rouges et blancs, de singes, de tortues, de sirènes séchées et de chinois empaillés.

La vision se modifie en observant. La première vision, celle du vulgaire, c'est la ligne simple, sèche, sans recherche de couleur, la seconde période, c'est celle où l'œil plus exercé discerne les valeurs des tons et leur délicatesse ; celle-ci est déjà moins comprise du vulgaire. La dernière est celle où l'artiste voit les subtilités et les jeux multiples de la lumière, ses plans, ses gravitations. Les recherches progressives modifient la vision primitive et la ligne souffre et devient secondaire. Cette vision sera peu comprise, elle demande une longue observation, une étude attentive, le vulgaire ne discernera que désordre, chaos, incorrection. Ainsi l'art a évolué depuis la ligne du gothique à travers la couleur et le mouvement de la Renaissance pour aboutir à la lumière moderne.

Encore je dirai : la raison est l'ennemie de l'art. Les artistes dominés par la raison perdent tout sentiment, l'instinct puissant faiblit, l'inspiration s'appauvrit, le cœur manque d'élan, au bout du fil de la raison pend l'énorme sottise ou le nez d'un pion.

J'ai condamné les procédés secs et répugnants des pointillistes déjà morts pour la lumière et pour l'art. Ils appliquent froidement et méthodiquement, nul sentiment, leurs pointillages entre les lignes *correctes et froides, n'atteignant que l'un des côtés de la lumière, sa vibration, sans arriver à donner sa forme. Le procédé défend d'ailleurs d'étendre les recherches ; art de froid calcul et d'étroite vision. Combien déjà dépassé en vibration.*

O triomphe ! Le champ de l'observation devient infini et la vision libérée sensible au beau se modifiera toujours et discernera avec la même acuité les effets ou lignes où dominent les formes et la lumière.

Oui, j'ai sacrifié à la déesse vermeille des merveilles et des songes, nécessité complémentaire indispensable à l'artiste mais crime impardonnable aux yeux de quelques bons apôtres classeurs de renommées bourgeoises. Alors mon nom fut rayé de leur liste de novateurs amis. Mais n'aggravons pas les sensibilités glauques de nos céphalopodes très encreux !

Des fées arrivistes, ambitieuses, vaguement décrottées de bourgeoisisme, interviennent, des bas-bleus isabellés en quête de collaborations me harcèlent ; c'est une levée générale de jarretelles ! Certaines à leur façon apprécient ma peinture, d'autres mes écrits, d'autres encore me griffent d'un index léger mais crochu, s'il y a fléchissement, elles me redressent en solidité.

Alors, j'ai crié de tous mes poumons. Les suffisances matamoresques appellent la finale crevaison grenouillère !

Les grands artistes-peintres subissent l'emprise des milieux. Je cite de Braekeleer, Breughel. La peinture exige un labeur soutenu et toute distraction amène la déchéance rapide. Il faut se river à son œuvre. Edison dit : « Le génie est formé de patience ». La peinture ne sera jamais un art international. Les hommes-peintres comme les autres hommes, plus que les autres hommes, plus que les autres, diffèrent de gestes, d'allure, de langage, de goût, d'éducation, de race, d'accent et de construction.

Quelques isolés et grands patients, calmes et lents, peut-être flamands, absorbeurs de formes et de lumière, seront grands dans l'art. L'avenir est aux solitaires !

Certes, les voyages de l'homme moderne sont rapides, aussi ses évolutions et l'on saute, pieds joints, d'un pôle à l'autre de la terre, tout comme d'un extrême de l'art à un autre extrême. Les pays diffèrent d'aspect, de climat, d'atmosphère, de température et toujours on devine un accord secret entre l'homme et son milieu et le pôle aux yeux du peintre est fort distant de l'équateur.

Les voyages extra-rapides se multiplient et bientôt on franchira les pays sans les voir, sans les comprendre, mais toujours il faudra bâtir sa maison, pêcher ses poissons, cultiver son champ, planter ses choux, et pour cela il faut voir de tous ses yeux et moi c'est peindre et peindre c'est aimer et la nature et la femme et les enfants et la terre bien immobile.

J'ignore la littérature moderne. J'ai lu Poë, Baudelaire, Balzac, Cervantès, Homère, Dante, Rabelais, La Fontaine.

Par distraction j'ai illustré Raemaekers et Claude Bernières. Pour dessiner, j'ai illustré Mallarmé.

Verlaine m'honora de ses hoquets absinthés. Parfois j'écris. J'aime l'image adjectivée, les mots claironnés de lumière, mots parfumés des soies vivantes, mots sensibles de nos douleurs, mots crachés des sables et de la mer, mots discrets des poissons soupirés dans les conques, mots plus verts que toison de Sirène, mots bleu d'acier des mouches élégantes, mots froids du marbre blanc, mots sages des enfants, mots sonnant musicalement. Des écrivains louent mon style plein de trouvailles, ils me qualifient précurseur de Max Jacob. Style dissonant sans doute comme ma musique l'indique. J'ai composé un ballet très musical. Je le comprends plein de charmes et d'agrément.

Picturalement parlant, ma technique s'allie au sujet, elle varie à l'infini. Humble servante, bonne à tout faire, elle tâche de lustrer le bel émail de nos couleurs, d'aviver les subtiles déformations des lignes mangées par la lumière.

J'ai employé tous les modes possibles. Toutes les gammes se succèdent et s'entre-mêlent : sombres, claires, noires, blanches, ternes, colorées. Les dates ne comptent guère et quand les jeunes peintres refeuillettent mes cartons de 1877, ils découvrent des masses cubistes, des flocons impressionnistes, des éclats futuristes, des chevaliers dadas, des gestes expressionnistes, des attaches constructives.

La déesse de la peinture m'étreint sans cesse de ses bras irisés. Elle m'indique la lumière, son importance, ses lois. Je pourrai dire la forme de la lumière, la construction de la lumière.

Je plains les peintres escargotés travaillant d'après les données connues. L'évolution leur est défendue. Privés des joies que donnent les découvertes. Tapis dans leur gaîne de prudence, machines machinales aux reproductions identiques, imagination et mains serviles fermées à l'effort, condamnés à la stérilité, aux belles manières, inlassablement suivies sans avance ni recul, mort-nés, figés dans la glu.

Les hommes d'autrefois ne m'appréciaient guère. Je les ai vus à travers un voile noir. Je leur reproche la mélancolie, les misères de ma jeunesse. Ils parlaient de belle exécution, belle ordonnance, ragoût, esprit et touche. Belle pâte et belle patte, chic, ficelle et convention. Ils ne m'aimaient pas, ils parlaient surtout de mes défauts et mes audaces les faisaient rire. Tous les critiques me turlupinaient et des censeurs chiquenaudes bredouillaient correctement les inepties les plus opaques.

Enfin, une réaction se dessine, des emballés louent le peintre d'exception, le compositeur d'occasion, l'écrivain sans rime ni raison. La Plume édite un numéro spécial : James ENSOR, par Lemonnier, Mauclair, Uzanne, Maeterlinck, Verhaeren, Elskamp, Picard, Constantin Meunier, etc... etc...

Jean Lorrain décrit mes eaux-fortes dans son roman Monsieur de Phocas, *Edmond Picard dans* Psyché, *Eugène Demolder dans* Saint-Nicolas. *Maurice des Ombiaux dans* Saint-Dodon *me silhouette âprement. Enfin la belle étude du grand Verhaeren me campe définitivement et Grégoire Le Roy docilement emboîte le pas.*

Des jeunes s'élancent dans la mêlée et bataillent âprement, cassant vitres et vaisselle. Ceux d'aujourd'hui m'aiment, ceux qui luttent, surtout, ma sensibilité extrême les touche, mon mépris du succès chatouille leur amour-propre, mon impassibilité les étonne.

Enfin, j'ai pu heurter la beauté des lignes et celle des couleurs ou les marier en harmonie, les varier à l'infini, ensemble accentué par les déformations dues à ma vision suraiguë, à mon mépris absolu des règles adoptées et des techniques suivies par les lanceurs d'éphémères.

J'entends dire : « ENSOR a dépassé ou prévu toutes les recherches modernes. » La jeune peinture me plaît parce qu'elle est avant tout audacieuse, parce que je retrouve chez ces frères peintres des parcelles solidifiées de mes rêves, de mes fleurs picturales contemplées avec amour.

Je déteste plus que jamais les gens à parti, ceux qui manquent d'inquiétude, ceux qui ont trouvé une manière décidée. Ardemment, je condamne leur décision uniforme et perpétuelle. Le cubisme, bel accident, beaux éclats éparpillés en cristaux, secouement de rétine, une composition des mouvements, un besoin réactionnaire.

Je déteste la décomposition de la lumière, le pointillisme tendant à tuer et le sentiment et la vision personnelle et naïve. Je réprouve toute manière, méthode ou modèle, et mesure et demi-mesure, enseignement forcé. Toutes les règles, tous les canons de l'art vomissent la mort, tout comme leurs frères à gueule de bronze. La peinture m'offre toutes les splendeurs, avec elle je possède toutes les joies du monde. Ma vision s'est affinée et la terre, les hommes et les choses, les feuilles, les roses de mes aimées me parlent de beauté. Ah! le beau paradis des vrais peintres! Paradis toujours renaissant, devant telles félicités, je crains la nuit noire, éternelle, peut-être, et la mort lente sous la terre décolorée. »

LE VIEIL ARBRE

La seule méthode trouvée par l'homme pour honorer ses dieux est le travail.

Du primitif qui leur offre un feu patiemment allumé par le frottement du bois, au compositeur superposant sur une partition les cinquante portées musicales de *Parsifal*, de la religieuse qui accumule les rosaires au peintre de la Sixtine, un même hymne laborieux est l'unique témoignage de notre croyance au surnaturel. Ensor n'a jamais peint par nécessité, mais par foi et dans l'enthousiasme de la création.

L'originalité ne s'achète pas au marché comme le manger et le boire. Quelle que soit la valeur d'un Permeke, Ensor demeure seul, pas très aimé de ses compatriotes, échantillon raffiné d'un anarchisme qui n'est qu'une forme de détachement aux traditionnelles valeurs humaines. Le mépris où l'on parvient, au soir de la vie, à tenir cette entité ridicule que l'on appelle humanité, fait peut-être attribuer une importance exagérée à ce que nous choisissons, objets ou individus de caractère ou de pittoresque exceptionnels, nos élus. Le message d'Ensor fut œuvre de rébellion. Dès ses premières productions, il est en résistance contre son milieu, ses maîtres, les peintres officiels du temps. A l'inertie des peintres de tendance académique — et l'académisme d'aujourd'hui est de refaire Matisse, Bonnard ou Picasso sans nature — Ensor en son temps opposait un cœur réfractaire.

Il cria son ordre, avec cette passion et cette fougue qui lui a permis, pendant cinquante années, de rester dynamique et jeune et de le prouver en son œuvre.

Les grands anarchistes de la seconde moitié du XIXe siècle : Bakounine, Baudelaire, Nietzsche, croyaient que l'on pouvait tuer Dieu à coups de mots. Mais chassez Dieu, il revient au galop sous le nom d'ange, saint, philosophe ou artiste ; il reste toujours un peu de polychromie bleue, comme au creux des statues médiévales, sous l'aile des artistes. Dieu ne se décape jamais, et *la Sociale*, forme bourgeoise de l'amour d'Ensor pour le petit peuple d'Ostende et des faubourgs, n'est autre chose que son tribut à l'amour de Dieu.

Si nous avons souhaité, Pierre Cailler et moi-même, dédier ce petit essai à Ensor, c'est pour tenter de faire rayonner son œuvre par des échantillons représentatifs de son art, aussi infimes que peut l'être le fragment d'os qui permit pourtant à Cuvier de reconstituer un être de l'âge magdalénien.

Un éclat d'obus a frappé au cœur *le Christ* d'Ensor durant la dernière guerre. La prochaine qui nous est promise, et préparée avec tous les raffinements de la science atomique et la collaboration des prix Nobel, ne laissera peut-être pas subsister ce chef-d'œuvre. Nous avons donc souhaité transcrire par l'image colorée quelques témoignages de joie et de sensualité, qui sont dans l'œuvre d'Ensor transmissibles, malgré les écueils des dimensions réduites et la trahison fatale des couleurs. D'où ces fragments de l'incomparable *Entrée du Christ à Bruxelles*, dont le destin nous apparaît malheureusement précaire, car il est à craindre que l'œuvre soit conservée dans quelque musée provincial, ou que la cupidité en fasse un objet d'exportation.

On ne peut certes blâmer ni Ensor, ni Mme d'Aveluy, nièce du peintre, de l'indécision où nous sommes du destin réservé à cette toile capitale.

La conception de la propriété individuelle de l'œuvre d'art est toute moderne. Elle remonte, en matière d'œuvre tissée ou peinte, au XIVe siècle. Princes et rois, au cours des guerres et des voyages, emportaient sous l'aspect de Madame la Vierge ou des Saintes protectrices, le portrait des Dames de leurs enchantements, Dame d'Amour que fut Agnès Sorel (du Musée d'Anvers) ou Dame à la Licorne de Cluny.

Voici donc une part de notre héritage. Il est insuffisant certes, mais il constitue néanmoins l'inventaire d'un moment pictural de l'histoire de l'art, moment où toutes licences de concept et de politique sont permises au créateur en mots de liberté.

Mais liberté limitée : car les souvenirs d'enfance et oniriques hantent la palette du peintre et les burins du graveur, qui continue à créer des fantômes vivants. Les rêves projettent-ils des images noires ou colorées ? Le problème reste entier pour le psychiatre : Ensor les traduit tantôt sur des toiles aux tons vifs, tantôt sur la plaque de cuivre. Il n'abandonnera son cortège d'apparitions que vers 1930, pour se vouer aux sujets élus dès ses débuts, inspirés par la vision rose et azurée du port d'Ostende, par ses dunes caressées par l'aurore ou le crépuscule, nacrés comme les guirlandes de corps féminins que l'on trouve dans ses derniers tableautins, pochades qui ne semblent destinées qu'à capter encore la couleur tant aimée par ses yeux souriants de vieillard comblé de tous les dons.

Ce qui importe, ce n'est pas qu'Ensor représente avec plus ou moins de bonheur le Christ, des visions marines, des masques, mais que pour parvenir à se réaliser, il ait ému notre sensibilité par des moyens appartenant au domaine de la peinture pure. L'anecdote n'est ici qu'un piège pour surprendre et captiver notre émotion par le jeu des formes et des couleurs.

Il advient que le goût soit bon ou fâcheux; mais l'art, comme l'amour, peut naître même au voisinage du banal.

Maintenant, la tête toujours coiffée de son petit chapeau rond des impressionnistes, portant encore la cravate lavallière « à l'artiste », dans son éternel costume noir, le sourire aux lèvres, car la joie rayonne à l'intérieur de son être, « muché » derrière la fenêtre de son atelier, entouré des monstres familiers, Ensor regarde le spectacle de la rue.

Les enfants jouent à la marelle, les écaillères et les marchandes de stockfisch poussent leur charrette, et la foule multicolore des femmes vêtues de robes chatoyantes enchante encore l'œil du vieux coloriste.

Ensor nous confie : « Je n'arriverai jamais à vieillir. Imaginez que je danse encore quand la musique m'y invite, mais il me faut des filles de vingt ans. »

Et il rayonne de son éternel rire d'enfant.

Son œil de faune assagi, ayant tout goûté et tout transposé des appels charnels du grand Pan, cherche encore, dans le jeu du vent et les mouvements des robes, les courbes sinueuses de ses Sirènes.

BIBLIOGRAPHIE

ŒUVRES LITTÉRAIRES, GRAPHIQUES ET MUSICALES DE JAMES ENSOR

James ENSOR. *Les Sens*. Ostende, « Le Rat mort », G. Daveluy, 1904.

James Ensor par lui-même, dans *Pourquoi pas?*, Bruxelles, 21 décembre 1911.

James ENSOR. *Scènes de la Vie du Christ*. Album de 32 lithographies rehaussées. Bruxelles, Galerie G. Giroux, 1921.

Les Ecrits de James Ensor. Bruxelles, « Sélection », 1921.

James ENSOR. *La Gamme d'Amour*. Texte et musique, avec illustrations en couleurs. Bruxelles, « Un coup de dés », 1929.

Les Ecrits de James Ensor (1928-1934). Anvers, « L'Art contemporain », 1934.

OUVRAGES GÉNÉRAUX

Camille LEMONNIER. *Histoire des Beaux-Arts en Belgique*. Bruxelles, Weissenbruch, 1887.

Jules Du JARDIN. *L'Art flamand*. Bruxelles, A. Boitte, 1900.

Vittorio PICA. *Studienköpfe*. Berlin, 1902.

Jean LORRAIN. *M. de Phocas*. Paris, Ollendorf, 1902.

Pol de MONT. *Koppen en Busten*. Bruxelles, Lamertin, 1903.

Richard MUTHER. *Die belgische Malerei im neunzehnten Jahrhundert*. Berlin, S. Fischer, 1904. (Traduction française par Jean de Mot. Bruxelles, Misch et Thron, 1904.)

Camille LEMONNIER. *L'Ecole belge de peinture, 1830-1905*. Bruxelles, G. Van Oest, 1906.

Albert CROQUEZ. *Peintres flamands d'aujourd'hui*. Bruxelles, X. Havermans, 1910.

Paul LAMBOTTE. *Les Peintres de Portraits*. Bruxelles, G. Van Oest, 1913.

Gustave COQUIOT. *Cubistes, Futuristes et Passéistes*. Paris, Ollendorf, 1914.

THIEME et BECKER. *Allgemeines Lexicon der bildenden Künstler*, tome X, p. 569. Notice par P. Buschman. Leipzig, E. A. Seemann, 1914.

Pol de MONT. *De Schilderkunst in België van 1830 tot 1921*. La Haye, 1921.

Gustave VAN ZYPE. *L'Art belge du XIXe siècle*. Bruxelles, G. Van Oest, 1923.

André FONTAINE. *L'Art belge*. Paris, Alcan, 1925.

Florent FELS. *Propos d'Artistes*. Paris, Renaissance du Livre, 1925.

Madeleine Octave MAUS. *Trente Années de lutte pour l'Art*. Bruxelles, L'Oiseau bleu, 1926.

Louis PIÉRARD. *Peinture belge contemporaine.* Paris, Crès, 1928.

Henri FOCILLON. *La Peinture aux XIXe et XXe siècles.* Paris, Laurens, 1928.

Paul COLIN. *La Peinture belge depuis 1830.* Bruxelles, Cahiers de Belgique, 1930.

Luc et Paul HAESAERTS. *Flandre, l'Impressionnisme.* Paris, Chroniques du Jour, 1931.

Paul COLIN. *L'Impressionnisme en Belgique,* dans *l'Histoire de l'Art contemporain* publiée sous la direction de René Huyghe. Tome II, pp. 375-382. Paris, Alcan (L'Amour de l'Art), 1933-1934.

Paul FIERENS. *L'Art en Belgique.* Bruxelles, Renaissance du Livre, 1938.

Luc HAESAERTS. *Histoire du Portrait, de Navez à Ensor.* Bruxelles, Editions du Cercle d'Art, 1942.

MONOGRAPHIES

Eugène DEMOLDER. *James Ensor.* Bruxelles, Paul Lacomblez, 1892, — et Paris, 1899.

Vittorio PICA. *James Ensor.* Bergame, 1902.

Emile VERHAEREN. *James Ensor.* Bruxelles, G. Van Oest, 1908.

Herbert von GARVENS-GARVENSBURG. *James Ensor, Maler, Radierer, Komponist.* Hanovre, L. Ey, 1913.

Paul COLIN. *James Ensor.* Potsdam, G. Kiepenheuer, 1921.

Grégoire LE ROY. *James Ensor.* Bruxelles et Paris, G. Van Oest, 1922.

Firmin CUYPERS. *James Ensor, l'Homme et l'Œuvre.* Paris, Les Ecrivains réunis, 1925.

Paul DESMETH. *James Ensor.* Bruxelles, L. J. Kryn (collection « Artistes belges »), 1926.

Alexandre DÖRNER, H. von GARVENS-GARVENSBURG et Wilhelm FRAENGER. *James Ensor.* Hanovre, Kestner Gesellschaft, 1927.

Paul FIERENS. *James Ensor.* Paris, G. Crès (collection « Les Artistes nouveaux »), 1929.

André De RIDDER. *James Ensor.* Paris, Rieder (collection « Maîtres de l'Art moderne »), 1930.

Paul COLIN. *James Ensor.* Leipzig, Junge Kunst, 1931.

Jean TEUGELS. *Variations sur James Ensor.* Ostende, « L'Aquarium », 1931.

Lucien SCHOWB. *Ensor.* Bruxelles, Cahiers du Journal des Poètes Edit. Art et Technique), 1936.

Paul DESMETH. *Paysages bruxellois, suivis d'une étude sur James Ensor.* Bruxelles et Paris, Vromant et Cie, s. d. — Nouvelle édition, 1937.

Leo van PUYVELDE. *L'Ardente peinture d'Ensor.* Paris, Gazette des Beaux-Arts, 1939.

Jozef MULS. *James Ensor, peintre de la mer.* Bruxelles, Musées Royaux des Beaux-Arts, 1942.

Paul FIERENS. *James Ensor.* Paris, Editions Hypérion, 1943. (Nous empruntons à cet ouvrage, le plus clair de cette bibliographie.)

Paul FIERENS. *Les Dessins d'Ensor.* Bruxelles, Paris, Editions Apollo, 1944.

Firmin CUYPERS. *Aspects et Propos de James Ensor.* Bruges, Les Editions A. G. Stainforth, 1946.

ARTICLES DE REVUES

Eugène DEMOLDER. *James Ensor,* dans *Revue des Beaux-Arts et des Lettres,* Bruxelles, 1892.

Pol de MONT. *De Schilder en Etser James Ensor,* dans *De Vlaamsche School,* Anvers, 1895.

Eugène DEMOLDER. *James Ensor,* dans *La Libre Critique,* Bruxelles, 1895.

La Plume, numéro spécial consacré à James Ensor. Paris, 1899. (Articles de Camille Lemonnier, Edmond Picard, Emile Verhaeren, Camille

Mauclair, Octave Maus, Blanche Rousseau, Georges Lemmen, Maurice des Ombiaux, Christian Beck, Jules Du Jardin, Pol de Mont, Louis Delattre et Octave Uzanne.)

Gustave COQUIOT. *James Ensor*, dans *La Vogue*, Paris, 1899.

Camille MAUCLAIR. *Les Peintres belges*, dans *La Revue bleue*, Paris, 1905.

Albert CROQUEZ. *James Ensor, peintre et graveur*, dans *La Flandre artiste*, Courtrai, 1908.

Albert CROQUEZ. *James Ensor, peintre et graveur*, dans *La Fédération artistique*, Bruxelles, 1909.

Ary BRUNT. *James Ensor*, dans *Onze Kunst*, Anvers, 1911. — ID. dans *L'Art flamand et hollandais*, Anvers, 1911.

A. J. J. DELEN. *James Ensor*, dans *Elzeviers Maandschrift*, Amsterdam, 1911.

W. HAUSENSTEIN. *James Ensor*, dans *Das Kunstblatt*, Potsdam, 1918.

Paul COLIN. *James Ensor*, dans *L'Amour de l'Art*, Paris, 1921.

Paul FIERENS. *L'Art belge depuis l'Impressionnisme*, dans *l'Amour de l'Art*, Paris, septembre 1922.

Paul FIERENS. *La Peinture et la Sculpture belges d'aujourd'hui*, dans *L'Amour de l'Art*, Paris, avril 1923.

La Flandre littéraire, numéro spécial consacré à James Ensor. Gand, 1924. (Articles d'Edmond Picard, Georges Eekhoud, Hubert Krains, Fierens-Gevaert, Georges Virrès, Edmond Joly, Henri Vandeputte, Claude Bernières, Georges Ramaekers, A. J. J. Delen, André De Ridder, Franz Hellens, Gaston Heux et Daan Boens.)

Franz HELLENS. *James Ensor*, dans *Nieuwe Kunst*, Amsterdam, 1924.

KREMLICKA. *Ensors Kindheit*, dans *Das Kunstblatt*, Potsdam, 1924.

Frédéric de SMET. *James Ensor*, dans *Gand artistique*, Gand, 1925.

Paul FIERENS. *Die junge Kunst in Belgien*, dans *Der Cicerone*, Leipzig, avril 1925.

Franz HELLENS. *Un grand peintre belge: James Ensor*, dans *L'Art vivant*, Paris, janvier 1926.

Franz HELLENS. *Nos Peintres: James Ensor*, dans *La Revue belge*, Bruxelles, 1926.

Edmond JALOUX. *James Ensor*, dans *L'Amour de l'Art*, Paris, mai 1926.

V.-C. HABICHT. *James Ensor*, dans *Deutsche Kunst und Dekoration*, 1927.

Karel van de WOESTYNE. *James Ensor*, dans *Elzeviers Maandschrift*, Amsterdam, février 1928.

André De RIDDER. *James Ensor à Ostende*, dans *Variétés*, Bruxelles, juin 1928.

Georges MARLIER. *James Ensor et le double aspect de son art*, dans *L'Amour de l'Art*, Paris, novembre 1928.

Cahiers de Belgique, numéro spécial consacré à James Ensor. Bruxelles, 1929. (Articles de Paul Fierens, A.-H. Cornette et J.-E. Sonderegger).

Charles BERNARD. *James Ensor*, dans *La Revue d'Art*, Anvers, janvier 1929.

André De RIDDER. *James Ensor*, dans *Le Centaure*, Bruxelles, avril 1929.

G. CHABOT. *Pour l'Art d'Ensor*, dans *Gand artistique*, Gand, 1929.

Paul FIERENS. *Ensor et les Dunes*, dans *Variétés*, Bruxelles, octobre 1929.

Carl LINFEST. *James Ensor*, dans *Belvedere*, Vienne, 1931.

Arsène ALEXANDRE. *James Ensor à Paris*, dans *La Renaissance*, Paris, 1932.

Georges MARLIER. *Exposition de James Ensor au Musée du Jeu de Paume*, dans *Formes*, Paris, 1932.

Arthur-H. CORNETTE. *James Ensor*, dans *La Revue d'Art*, Anvers, 1932.

Jozef MULS. *James Ensor, peintre de la mer*, dans *IIe Congrès international de la mer*, Liége, 1939.

Paul FIERENS. *Visite à James Ensor*, dans *Documents*, Bruxelles, avril 1940.

CATALOGUES D'EXPOSITIONS

J. F. ELSLANDER. *Une Exposition d'œuvres de James Ensor*, dans *Bulletin et Catalogue des Expositions*, Bruxelles, Galerie G. Giroux, 1920.

Exposition Ensor à la Galerie Barbazanges-Hodebert, Paris, juin 1926. — Préface de Waldemar GEORGE.

Exposition Ensor au Palais des Beaux-Arts, de Bruxelles, 1929. — Préface de François FOSCA.

L'Œuvre de James Ensor au Musée national du Jeu de Paume, Paris, juin-juillet 1932. — Préface d'Arthur-H. CORNETTE.

Exposition d'Art belge à Stockholm, Liljevalcks Konsthall, mars 1934. — Préface de Willy KONINCKX.

Exposition Ensor à la Galerie de la « Gazette des Beaux-Arts », Paris, 1939. — Préface de Leo van PUYVELDE.

Exposition Ensor à la Galerie Georges Giroux, Bruxelles, 1945. — Préfaces de Georges Willems et Léo Van Puyvelde.

CATALOGUES ET COMMENTAIRES DE L'ŒUVRE GRAVÉ

Herbert von GARVENS-GARVENSBURG. *James Ensor, Maler, Radierer, Komponist. Ein Hinweis mit dem vollständigen Katalog seines radierten Werkes*. Hanovre, L. Ey, 1913.

Loys DELTEIL. *James Ensor*, dans *Le Peintre Graveur illustré*, t. XIX., Paris, 1925.

Roger AVERMAETE, *James Ensor, der Graphiker*, dans *Der Cicerone*, Berlin, 1928.

Henry DOMMARTIN. *Les Eaux-fortes de James Ensor*, dans *Le Flambeau*, Bruxelles, septembre-octobre 1930.

Claude-Roger MARX. *Les Eaux-fortes d'Ensor*, dans *L'Art vivant*, Paris, juillet 1932.

Albert CROQUEZ. *L'Œuvre gravé de James Ensor. Catalogue raisonné établi par Albert Croquez, son ami, et orné d'un portrait d'après la toile de Jules Joëts.* Paris, Maurice Le Garrec, 1935.

Louis LEBEER. *Note pour servir de complément au Catalogue de l'Œuvre gravé de James Ensor.* Bruxelles, Van der Perre, 1939.

REPRODUCTIONS

1. *Cabine sur la Plage.*
1877.

2. *Autoportrait.*
1879.

3. *La Femme au Nez retroussé.*
1879. Musée d'Anvers.

4. *Dame à l'Eventail.*
1880.

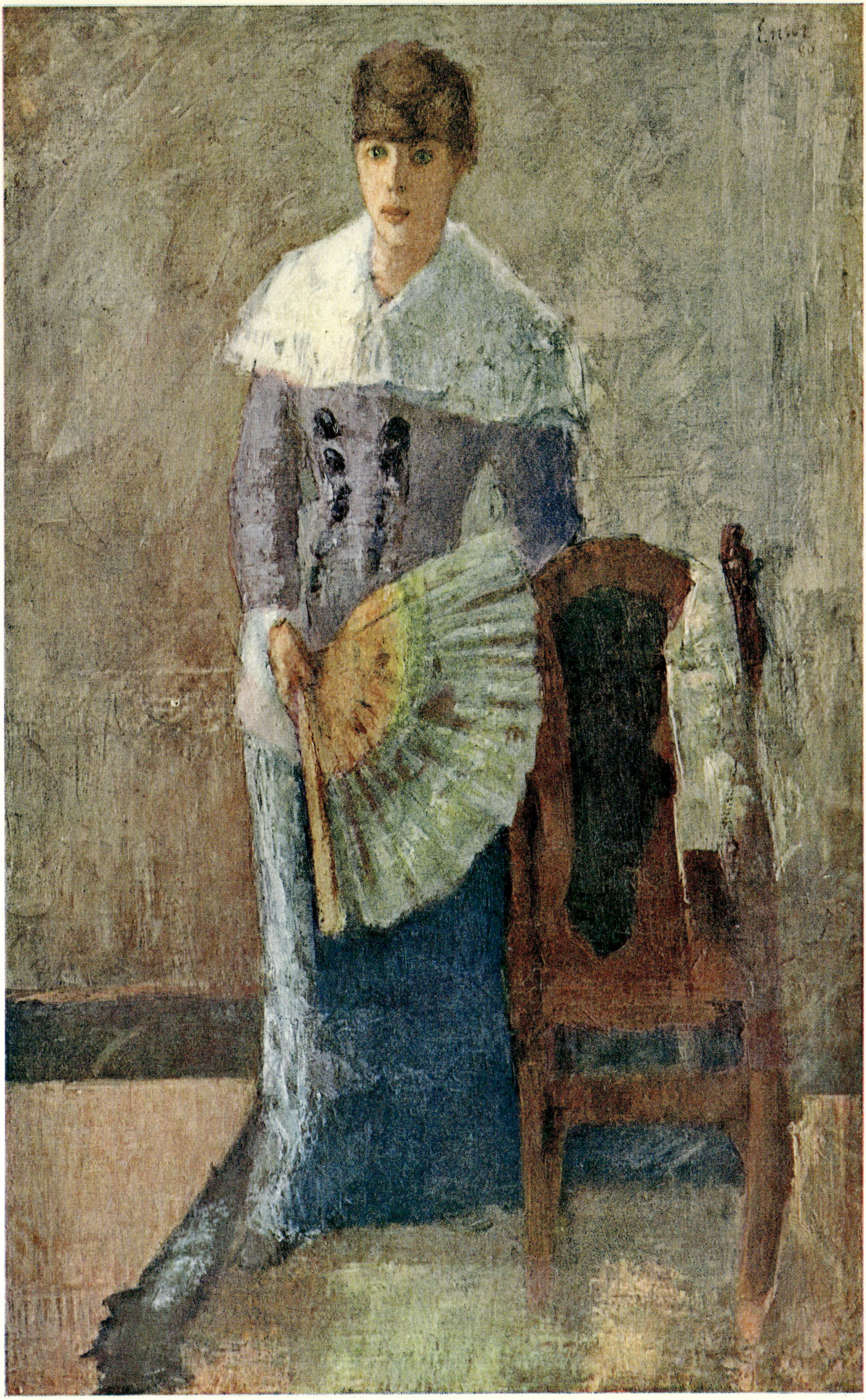

5. *Les Dormeuses.*
Vers 1880. Collection Albert Croquez.

6. *Pauvre Hère.*
Fusain, 1880.

7. *Le Lampiste.*
   1880. Musée de Bruxelles.

8. *La Musique russe.*
1881. Musée de Bruxelles.

9. *Dame au Châle bleu.*
1881. Musée d'Anvers.

10. *Portrait de la Mère de l'Artiste.*
1881. Musée de Bruxelles.

11. *La Rue de Flandre, à Ostende.*
1881.

12. *Le Père de l'Artiste.*
1881. Musée de Bruxelles.

13. *L'Après-midi à Ostende.*
1881. Musée d'Anvers.

14. *Portrait de Théo Hannon.*
1882. Musée d'Anvers.

15. *Pouilleux voulant se chauffer.*
1882. Musée d'Ostende (toile détruite).

16. *La Raie.*
1882. Musée d'Anvers.

17. *La Mangeuse d'Huîtres.*
1882. Musée d'Anvers.

18. *Portrait du Peintre Willy Finch.*
1882. Collection James Ensor.

19. *Les Masques scandalisés.*
1883. Musée de Bruxelles.

20. *Le Rameur.*
1883. Musée d'Anvers.

21. *Les Enfants à la Toilette.*
1886.

22. *La Cathédrale.*
Eau-forte, 1886.

23. *Masques devant la Mort.*
1888.

24. *L'Entrée du Christ à Bruxelles* (détail).
1888.

25. *L'Entrée du Christ à Bruxelles* (détail).
1888.

26. *L'Entrée du Christ à Bruxelles* (détail).
1888.

27. *L'Entrée du Christ à Bruxelles* (détail).
1888.

28. *La Vieille au Masque.*
1889. Musée d'Anvers.

29. *L'Etonnement du Masque Wouse.*
Vers 1890. Musée d'Anvers.

30. *La Brodeuse.*
1890.

31. *L'Intrigue.*
1890. Musée d'Anvers.

32. *L'Homme de Douleur.*
1891.

33. *La Bataille des Éperons d'Or.*
Dessin rehaussé, 1891. Musée de Bruxelles.

34. *Musique à Ostende.*
1891. Musée d'Anvers.

35. *Squelettes se disputant un Hareng.*
1891.

36. *Squelettes se disputant un Pendu.*
1891. Musée d'Anvers.

37. *La Raie*.
1892. Musée de Bruxelles.

38. *Le Prêche de St-Babylas.*
1892.

39. *Le Désespoir de Pierrot.*
1892.

40. *Les Masques singuliers.*
1892. Musée de Bruxelles.

41. *M. et Mme Rousseau parlant avec Sophie Yoteko.*
1892.

42. *Pierrot et Squelette à Robe jaune.*
1893.

43. *Fleurs et Légumes.*
1896. Musée d'Anvers.

44. *Le Vidangeur.*
   Eau-forte, 1896.

45. *Fleurs et Vases chinois.*
1896.

46. *Les Toits d'Ostende.*
1898.

47. *La Vengeance de Hop Frog.*
Eau-forte, 1898.

48. *Entrée du Christ à Bruxelles.*
Eau-forte, 1898.

49. *Le Peintre entouré de Masques.*
1899.

50. *Les Barques échouées.*
1900.

51. *L'Antiquaire.*
1902. Collection James Ensor.

52. *Kursaal d'Ostende.*
Dessin, 1904.

53. *Fleurs*.
1909. Collection Kröller, La Haye.

54. *Décor pour le Ballet : La Gamme d'Amour, Deuxième Tableau.*
1912. Collection James Ensor.

55. *Ma Mère morte.*
1915. Collection James Ensor.

56. *Nature morte.*
1921. Collection Kröller, La Haye.

57. *Composition.*
1925.

58. *La Délivrance d'Andromède.*
1925. Collection du Baron de Broqueville, Bruxelles.

59. *Le Chou rouge.*
1925. Collection Brogaerts.

60. *Nature morte.*
Vers 1928.

61. *Reine de Ballet.*
1930.

62. *Procession de Ghistel.*
Vers 1932. Collection Croquez.

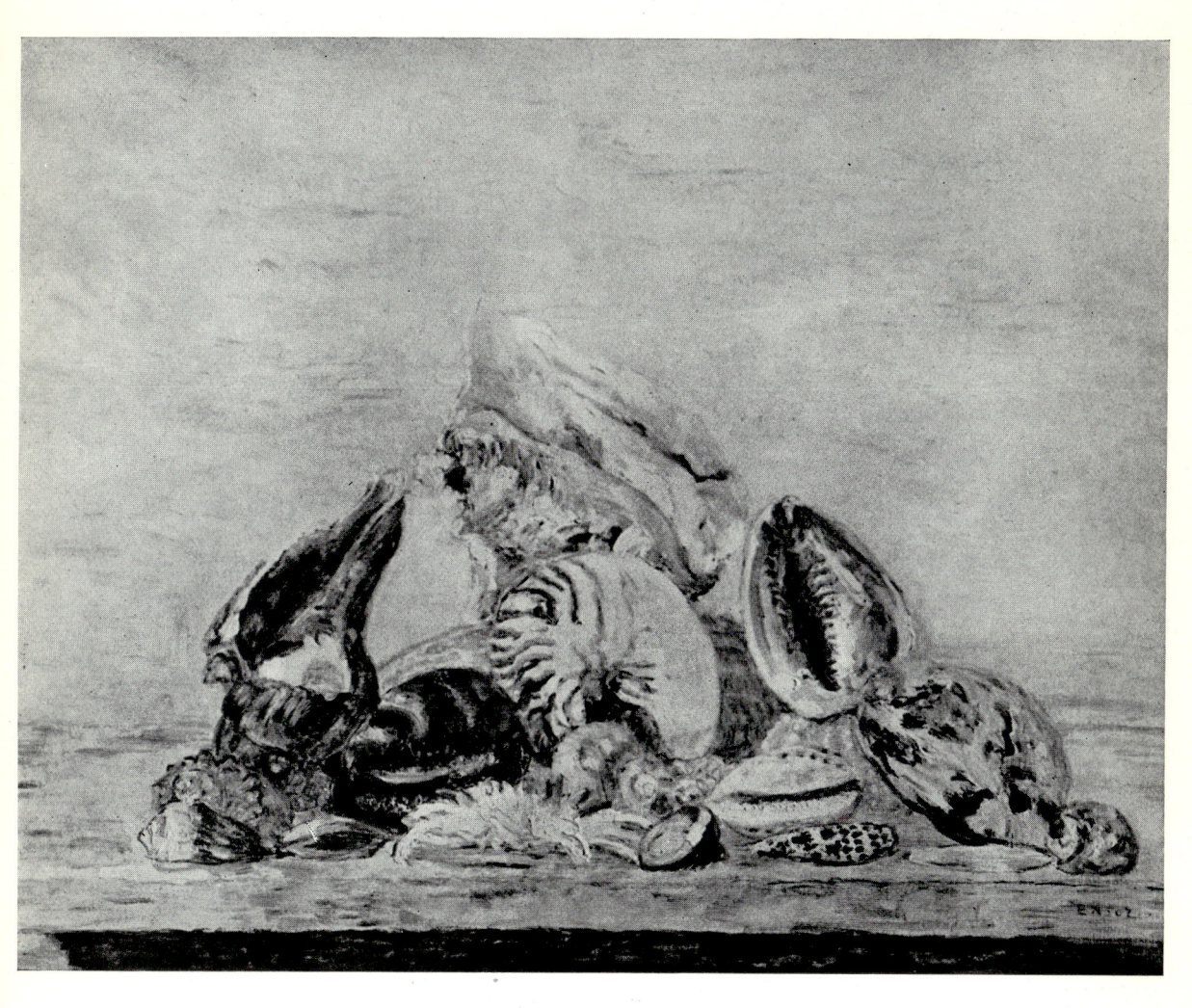

63. *Coquillages.*
1933. Collection Brogaerts.

64. *Port d'Ostende.*
1933. Collection Croquez.

65. *Pif Pouf Paf, Salut en de Kust.*
1936-1937.

66. *Ensor à la Palette.*
1937.

67. *Intérieur aux trois Portraits.*
1938. Collection Brogaerts.

68. *Lettre de James Ensor à Florent Fels.* 1927.

TABLE
DES REPRODUCTIONS

	Frontispices
James Ensor	I
James Ensor	II

	Planches
Cabine sur la Plage	1
Autoportrait	2
La Femme au Nez retroussé	3
Dame à l'Eventail	4
Les Dormeuses	5
Pauvre Hère	6
Le Lampiste	7
La Musique russe	8
Dame au Châle bleu	9
Portrait de la Mère de l'Artiste	10
La Rue de Flandre, à Ostende	11
Le Père de l'Artiste	12
L'Après-midi à Ostende	13
Portrait de Théo Hannon	14
Pouilleux voulant se chauffer	15
La Raie	16
La Mangeuse d'Huîtres	17
Portrait du Peintre Willy Finch	18
Les Masques scandalisés	19
Le Rameur	20
Les Enfants à la Toilette	21
La Cathédrale	22
Masques devant la Mort	23
L'Entrée du Christ à Bruxelles (détail)	24
L'Entrée du Christ à Bruxelles (détail)	25
L'Entrée du Christ à Bruxelles (détail)	26
L'Entrée du Christ à Bruxelles (détail)	27
La Vieille au Masque	28
L'Etonnement du Masque Wouse	29
La Brodeuse	30

Planches

L'Intrigue	31
L'Homme de Douleur	32
La Bataille des Eperons d'Or	33
Musique à Ostende	34
Squelettes se disputant un Hareng	35
Squelettes se disputant un Pendu	36
La Raie	37
Le Prêche de St-Babylas	38
Le Désespoir de Pierrot	39
Les Masques singuliers	40
M. et Mme Rousseau parlant avec Sophie Yoteko	41
Pierrot et Squelette à Robe jaune	42
Fleurs et Légumes	43
Le Vidangeur	44
Fleurs et Vases chinois	45
Les Toits d'Ostende	46
La Vengeance de Hop Frog	47
Entrée du Christ à Bruxelles	48
Le Peintre entouré de Masques	49
Les Barques échouées	50
L'Antiquaire	51
Kursaal d'Ostende	52
Fleurs	53
Décor pour le Ballet — La Gamme d'Amour, Deuxième Tableau	54
Ma Mère morte	55
Nature morte	56
Composition	57
La Délivrance d'Andromède	58
Le Chou rouge	59
Nature morte	60
Reine de Ballet	61
Procession de Ghistel	62
Coquillages	63
Port d'Ostende	64
Pif Pouf Paf, Salut en de Kust	65
Ensor à la Palette	66
Intérieur aux trois Portraits	67
Lettre de James Ensor à Florent Fels	68

Ce livre — le huitième de la Collection Peintres d'hier et d'aujourd'hui — a été achevé d'imprimer sur les presses des Imprimeries Populaires, à Genève, le 10 septembre 1947. Les clichés en noir ont été gravés par la photogravure F. Dupuis & Cie, à Lausanne, ceux en couleurs par les Etablissements Jean Malvaux à Bruxelles. Photographies de l'atelier Antony, d'Ypres, 18, rue Euphrosine Beernaert, à Ostende et du studio Marc Eric à Bruxelles.